나는 **수도권 상가 3채** 1억에 샀다

| 흙수저 반지하 탈출기 |

나는
수도권 상가
3채
1억에 샀다

· 이태영 지음 ·

좋은땅

머리말

　이 책은 부동산 투자를 아주 적은 돈으로도 할 수 있다는 것을 알려 주기 위한 책이고 지방 아파트에 대한 선입견을 조금이나마 없애 주고자 하는 마음에서 쓰게 되었다.

　대부분은 직접 투자한 곳을 밝히고 있으며 그 이유까지도 간단하게 기술하고 있다.
　투자를 부추기거나 내 투자의 정당성을 위해 이 책을 쓴 것이 아님을 미리 밝힌다.

　순전히 내 생각이 드러나 있는 책으로 다른 투자자와 의견이 다를 수 있고 100% 내 의견이 옳다고 주장하는 바는 아니니 이 점은 참고하길 바란다.

머리말 … 4

1. 이제 난 건물주 (내 인생 최초의 상가 계약) … 6
2. 내 인생의 첫 주택 … 21
3. 두 번째 집을 사다 … 36
4. 3주택, 다주택자의 첫걸음? … 45
5. 부동산 세법 이야기 … 51
6. 4주택 매수의 방향과 지역분석 얘기 … 60
7. 4주택을 매수했다 … 63
8. 5주택부터 8주택까지 하루에 (아산 배방 삼정 그린코아 아파트) … 75
9. 9주택, 10주택을 산 곳 충남 서산 … 84
10. 오피스텔 투자 (경기 안산) … 102
11. 아산 신창지구 … 109
12. 아산 초원설화타운 … 121
13. 아산 실옥동 중부팬더 … 129
14. 지방 아파트의 재건축 (충북 증평군) … 137
15. 부동산 투자와 부동산 경매에 대한 나의 생각 … 146
16. 24년 10월 30일 충남 당진에 아파트를 샀다 … 151
17. 부동산 투자 요약 … 157
18. 서울 아파트는 무조건 오르는가? … 161
19. 부동산 투자에 대한 조언 (복습) … 164
20. 강의 소개 (에듀윌 부동산 아카데미) … 171

1.

이제 난 건물주
(내 인생 최초의 상가 계약)

- 현금 1억으로 수도권 상가를 3채 샀다

2014년 6월 7일 토요일

일	월	화	수	목	금	토
1 의병의 날	2 단오	3	4 2014 지방…	5 환경의 날	6 현충일 망종	7 🕐
8	9	10 6.10 민주…	11	12 음 5.15	13	14 세계 헌혈…
15	16	17	18	19	20	21 하지
22	23	24	25 6·25 전쟁일	26	27 음 6.1	28 철도의 날
29	30	1	2	3	4	5

부동산 투자에는 연휴와 주말도 없다.

내가 태어나 처음으로 상가 건물주가 되는 날~~

꿈꾸었던 바로 그 날이다.

사실 지금은 그 느낌을 온전히 기억 못 하는 게 너무 안타깝다. 계획한 건 아니지만 그것도 하루에 2개씩이나 샀다.

기회는 항상 안 좋은 일과 함께 오는 듯했다.

시작은 이랬다.

원래 내 직업은 중고등부 수학을 가르치는 학원 쌤!

2001년 시작한 학원 선생님을 이렇게 오래 하리라곤 정작 나조차도 알지 못했었다.

그리고 2010년 드디어 경기 평촌 학원가에 내 이름으로 된 학원을 차리게 된다. 하지만 2013년 수능을 끝으로 잠시 학원가를 떠나 처갓집인 전북 순창에서 머물게 되었다.

사실, 오랫동안 학원과 개인과외 등으로 심신이 많이 지쳐있었으며 그 당시엔 아무것도 하기 싫어 일단 모든 걸 잠시 접었다.

시골에 내려와 주로 하던 일은 네이버 검색이다.

부동산을 검색했고 그중 특히 상가를 찾았다.

당시 유행처럼 하던 말들이 있었다.

조물주 위에 건물주라고~~

물론 당연히 돈은 없었고 내겐 희망만 있었다.

과거에도 지금도 긍정적인 내 마인드는 항상 그대로인 듯하다.

매일매일 컴퓨터와 오랜 시간 함께 있었지만 내가 뭘 찾는지도 알 수 없었고 왜 찾는지도 몰랐다.

아마 그 이유는 돈이 없어서 정확한 목표를 설정 못 하는 게 아닐까 싶다.

2014년 5월 어느 날 난 다시 경기 안양으로 올라갈 준비를 했다. 순창에 내려온 지 6개월 만의 일이다.

그동안 평촌 학원가에 있는 학부모님들 여러 분께 수업을 해달라고 몇 통의 전화를 받은 터라 고민 끝에 올라가기로 했다.

그래서 난 평촌과 가깝고 주거비가 저렴한 안산으로 전세를 얻으러 갔다. 전세 7500만원의 다세대 투룸을 가계약 후 다시 시골로 내려왔다.

그리고 이제 네이버 검색을 주로 하던 시골 생활은 끝나가는 듯했고 그렇게 차츰 도시 생활로 복귀 준비를 하고 있었다.

그로부터 며칠 후 네이버 부동산 매물을 검색하다가 저렴한 상가를 우연히 보게 되었고 마침 그 상가는 전세 계약한 다가구에서 가깝다는 걸 알게 되었다.

약 20평의 전용면적을 가진 주상복합 아파트 2층에 있는 상가였다.

주상복합 아파트 1층은 필로티 주차장이고 2층은 상가, 3층부터 15층까지 아파트였다. 2011년쯤 준공되어 건물은 신축이나 다름없었다. 2층에 구분상가가 총 6개 있었는데 전부 세입자가 없는 공실이었다.

부동산 사장님과 통화 후 매수의사를 전했고 이제 다가구 **전세에 쓸 돈을 상가 매수에 사용하고자 생각이 바뀌었다.**

2014년 6월 7일 상가 매매 계약을 위해 전북 순창에서 차를 몰고 경기도 안산으로 향했다. 그 어느 때보다 긴장된 순간이었다.

상가 매매 계약을 위해 다가구 전세 계약을 해지하고 가계약금 100만원을 돌려받을 참이었다. 물론 가계약금을 못 받아도 어쩔 순 없지만 얘기는 한번 해 보자 이런 마음이었다.

이제 와서 하는 얘기지만 가계약금 100만원을 돌려주실 거라 생각 못 했으나 일이 잘 되려고 그런 건지 흔쾌히 승낙하셨다.

건물주 분께 이 책을 통해 감사함을 전합니다.

진짜 문제는 상가 계약 첫날 2014년 6월 7일에 터졌다.

문제인즉 난 상가 205호 매매 계약을 위해 갔지만 매도인(현재 상가 주인)은 202호도 함께 매수하지 않는다면 계약을 하지 않겠다는 것이다. 계약금 입금 전이라 그 조건에 합의하지 않는다면 상가 1채(205호)조차도 계약이 어려웠다.

계약 전 부동산 사장님과 여러 번 통화했으나 처음 듣는 얘기에 나도 모르게 부동산 사장님과 눈이 마주쳤으나 역시 모르는 듯 보였다.

계약을 위해 먼 길을 운전해서 왔지만 생각지도 못하는 변수를 만난 것이 아닌가 싶다.

물론, 돈만 있다면 너무 좋은 일인데 돈이 없어서 문제였다.

난 잠깐 그 자리를 피해 밖으로 나와 곰곰이 생각했고 이내 자리로 돌아왔다. 205호는 매매가격 6000만원에 매수하기로 이미 결정된 바 있어 202호는 얼마인지 물었더니 202호, 205호 합쳐서 1억 5000만원에 팔 거니 안 사면 이번 계약은 없던 걸로 하자고 주인이 내게 말했다.

2011년 준공된, 아직 아무도 사용 한 번 안 했던 신축상가가 두 칸에 1억 5천이면 매우 저렴하지만 진짜 문제는 내가 그 정도의 돈이 없다는 것이다.

두 칸 다 사고 싶어 나도 모르게 이렇게 애기했다.

"진짜 사고 싶은데 돈이 없어 그러니 1억 3000만원에 두 칸(205호, 202호) 다 팔면 안 될까요?"

무슨 배짱으로 그랬는지 아직도 이해는 안 간다.

그리고 매도인 눈을 보니 잠시 고민하는 듯 보이다가 이윽고 오케이라고 했다. 대신 계약금 1300만원은 30분 내로 입금하라고 했다.

205호 계약금 600만원 외엔 현금이 없어서 부동산 옆 은행에 가서 신용카드 몇 장으로 현금 서비스를 무려 700만원을 받아 겨우 계약금을 다 입금했다.

지금도 그때만 생각하면 어떻게 했는지 내 자신이 신기할 정도다.

투자는 기회가 오면 반드시 일이 잘 진행되게 끝까지 노력을 하고 최선을 다해야 한다는 생각은 그때도 지금도 변함없다. 포기가 없어야 좋은 결과든 나쁜 결과든 얻을 수 있고 좋은 결과는 확신을 주고 나쁜 결과는 또 다른 성공을 위한 밑거름이 된다.

그때의 결정이 10년이 지난 지금 엄청난 삶의 안정감을 주고 있다. 한마디로 상가들을 잘 샀다는 것이다.

202호, 205호 두 칸 합쳐(202호 7000만원, 205호 6000만원) 1억 3000만원에 매수하고 보증금 2000만원 월세 125만원을 받는 고수익을 누리고 있다.

뒤에 가서 얘기하겠지만 나중에 매도할 때에도 산 가격보다 더 높은 가격에 팔 수 있는 큰 장점이 있다.

201호~206호까지 총 6칸의 상가가 있었고 난 그 6칸 모두를 사고 싶었지만 자금 부족으로 201호 한 칸만 더 살 수 있었다.

그래서 현재 건물 6칸의 상가 중 총 3칸을 보유 중이고 매월 월세를 받고 있다. 나머지 한 칸(201호는) 2014년 말에 급하게 8500만원에 매수했다. 매도인이 계속 안 파신다고 해서 겨우 매수할 수 있었고 그래서 3개 호실을 보유하고 월세를 받게 되었다.

6개 호실 모두 매수하고 싶었으나 자금 문제로 여기까지만 가능했다.

3개 호실 총 매수금액은 2억 1500만원

보증금 3000만원 / 월세 185만원(부가세 별도)

대출 9000만원

현금 9500만원(각종 세금 제외)

세부내용을 보면 다음과 같다. (**수익률: 약 17% – 대출 포함 계산**)

	분양(평)	전용(평)	매매금액	임대료	매수년도
201호	31.68	22.28	8500만원	1000/65	2014년
202호	27.40	19.27	7000만원	1000/60	2014년
205호	31.31	22.03	6000만원	1000/60	2014년

상가 3채로 연 17% 이상의 수익률을 거두고 있으며 지난 10년 동안 들어간 투자금 모두를 월세로 회수했다.

보통 상가는 그 자산가치는 오르지 않고 월세 수익만 얻을 요량으로 매수하지만 내가 보유한 상가들은 나중에 매도할 때 자산가치도 많이 증가해 있을 거라 예상된다.

보통 수도권 상가는 연 5%의 수익률만 되어도 상가 월세가 높다고 생각한다. 그 이유는 정기 예금 금리가 상대적으로 더 낮게 보이려면 5% 정도는 되어야 상가에 투자할 마음을 먹기 때문이다.

　현재도 노후를 위해 상가를 소유하거나 소유하려고 준비하는 투자자분들이 많다. 입지도 중요하나 무엇보다 상가는 월세 수익률이 중요하다고 본다.

　경기도 안산에 위치한 주상복합 건물 2층에 위치한 상가이다. 다행인지 불행인지 1층은 필로티 주차장이다. 물론 지하주차장도 있다. 2층에 상가가 총 6칸이고 참고로 얘기하면 이 동네는 주차장을 가진 상가들이 거의 없다. 오래된 동네이기도 하고 그만큼 발전이 느린 동네이기도 하다. 그래서 주차 공간이 많은 건 큰 장점이고 실제로 각 사무실마다 주차에 불편함은 없었다.

　그리고 오래되고 낡은 건물도 많아 환경이 그다지 좋지 않은 데 비해 이 건물은 신축이나 다름없었다.

　상가를 매수한 구체적인 이유에 대해 얘기해 보기로 한다.

　매수한 주상복합 아파트는 2011년에 준공되어 지상, 지하 주차장을 가지고 있었으며 2층 상가 6칸이 상가의 전부이다.

나중에 알게 된 사실이지만 아파트 입주자들은 낮에도 상가 세입자들이 주차장 여러 자리를 차지하는 것에 늘 불만이 있었다.

이 문제로 많이 의견 충돌이 있었으나 현재는 원만하게 해결되어 별 마찰 없이 주차장을 낮에 사용하고 있다.

위에서 말씀드린 대로 주위 다른 상가들 환경보다 이 건물 상가는 좋은 입지 환경이다.

신축 건물에 여유 있는 주차장까지 있지만 이보다 중요한 건 매우 저렴한 매매가격이다. 전용면적 20평인 상가가 6000만원 이라면 이 당시에도 너무나 싼 가격이다.

게다가 월세도 처음엔 100만원까지 가능할 것 같다고 부동산 사장님이 말해 주셨다. 물론 60만원에 계약을 했다.

만약 100만원에 월세 계약을 했더라면 어땠을까 하는 생각도 간혹 든다. 나중에는 가능할 수도 있지 않을까 생각한다.

상가를 매수할 때 보통 가장 많이 고려하는 건 신축의 정도나 학군 등은 아니다. 잘 아시겠지만 수익률이다. 수익률은 월세와 가장 큰 관련이 있으며 그래서 어떤 노력을 기울여서라도 월세를 많이 받기 위한 노력을 게을리하지 않는다. 월세를 많이 받는다는 건 단순한 현금 흐름이 아닌 자산 가치의 극대화를 의미한다.

이건 나중에 매도할 때 알게 된다.

수도권 상가의 경우 상가 수익률은 5% 정도면 높다고 본다.
예를 들어 1억에 상가를 매수해서 보증금 1000만원에 매월 월세 40만원을 받는다고 할 때 수익률은 5%가 좀 넘는다.

따라서 상가를 매수할 때 수익률이 얼마나 되는지 알아보고 임대차 계약이 언제 만료가 되는지도 꼭 확인해야 한다.

상가 임차인이 나갈 경우 공실이 되면 월세를 못 받는 경우도 생기고 게다가 관리비까지 상가 주인이 내게 된다.

상가를 살 때 입지는 임차인이 연속적으로 사용할 수 있는지, 다시 말해 공실이 없는 상가를 선택하게 하는 중요 판단 사항이다. 100% 판단은 어렵지만 되도록 좋은 입지에 상가를 매수해서 공실에 대비해야 한다.

공실이 없는 상가의 안 좋은 점은 가격적으로 비싸다는 것이다.
누구나 공실 없는 상가를 선호하고 매수하길 원해서 저렴한 상가를 찾기 어렵다. 그래서 대부분 상가를 사서 노후에 월세를 받아 생활하실 분들은 입지 좋은 곳 1층 코너 상가를 원한다. 가격은 높으나 그만큼 꾸준히 월세를 받을 수 있다는 믿음이 있다.

인프라도 좋지 않은 2층 주상복합 상가를 매수한 건 앞서 말한 안정적인 상가와는 전혀 대조적이다. 이유는 간단하다. 입지 좋은 1층 상가는 비싸서 내가 가진 자금으로는 매수가 어렵기 때문이다.

다소 공실이 생기더라도 저렴한 2층 상가를 공실까지 고려해도 10% 이상 수익률이 나온다면 당장 부담 없이 매수가 가능하고 혹시 생길지 모르는 공실까지도 고려한 매수이므로 특별히 걱정할 필요가 없다고 생각했다.

그렇지만 이런 매수를 추천하진 않는다. 그만큼 리스크가 크고 막상 공실이 생기면 예상했던 대로 의연하게 대처하기가 힘들다.

그래서 **자금 여력이 있다면 입지 좋은 1층 상가를 추천한다.**

2014년 상가를 3채 매수해서 약 10년간 보유중이다.

상가를 보유하면서 참으로 많은 일들이 있었다.

단순히 월세만 받고 세금 신고만 해서 된다면 얼마나 좋을까? 현재는 별 문제없이 임차인분들이 거주하나 초기엔 아파트 입주자분들과 생각지도 못한 갈등을 겪곤 했다.

주차문제, 관리비 문제 등등….

10년이 지난 지금 들여다보면 웃을 수밖에 없는 일들이다.

모든 문제는 시간이 걸려서 그렇지 대부분 해결 가능하다.

그렇지만 사람의 특성상 갈등을 좋아하거나 즐기는 경우는 대부분 없다.

난 이 부분이 쉽다고 생각해 본 적은 없지만 닥치면 피하지 않고 해결하려고 노력한다. 대부분 원만하게 풀리지만 간혹 힘든 경우도 있다.

10년이 지난 지금도 상가를 매수한 일을 단 한 번도 후회해 본 적은 없다. 되려 6칸 전부를 다 못 산 것에 대한 아쉬움이 있다. 그래도 넉넉하지 못한 자금으로 3칸이라도 매수한 게 얼마나 다행인지 모른다. 10년간 받은 월세들로 나의 투자는 현재도 계속되고 있고 앞으로도 그럴 예정이다.

상가 매수는 내게 효자 노릇을 톡톡히 하고 있다.

앞으로 이런 상가를 다시 매수할 수 있을진 모르지만 기회만 온다면 또 사고 싶다.

경험하지 않고 얻어진 지식에는 확신이 부족하다.

그런데 투자함에 있어 이렇게 경험하고 터득하면 넓은 시야와 확신을 가질 수 있다.

10년 전과 비교해 달라진 주위 환경은 어떤 게 있을까?

일단, 상가가 있는 주상복합 아파트 반대편이 예전에 그린벨트로 토지 이용이 제한되어 있었지만 현재는 3기 신도시 건설로 인해 개발이 가능하고 그 주위에 철도(신안산선)가 들어올 예정이다.

그 철도는 신안산선이고 여의도역까지 약 30분 정도면 도착 가능하다고 한다. 그렇다면 전철 노선 공사가 다 완료되고 나면 여기는 서울권역이라 봐도 무방하다.

상가를 매수할 때 이런 계획을 예상했다면 누가 봐도 거짓이다. 10년간 보유하다 보니 자연스럽게 개발되고 호재가 생겼다. 부동산 투자에 있어 장기 보유는 언제나 옳지 않을까 생각한다. 이런 부분을 염두에 두어서 부동산을 살 이유는 없고 또 알 수도 없지만 오랜 보유로 마주할 수 있다. 당연히 기분 좋은 일이고 그때부터 다른 호재가 없는지 계속 살피게 된다. 시간이 흐르고 개발계획이 완성되어 가면 상가의 가격은 지금보다 더 오를 것이다.

그 시간이 오기만을 기다리며 매달 월세를 받으면 된다.

위 상가는 계획상 결국 다 처분해서 소형 아파트로 월세를 받는 데 사용될 것이다.

이미 매수한 소형 아파트들이 여러 채 있으므로 전세 세입자를 내보내고 월세 세입자를 들이면 된다.

상가 3채에 있는 대출금은 모두 합쳐 일억쯤 되는데 나중에 매도할 때 대출을 갚고 양도 소득세를 납부하면 소형 아파트 월세를 4채 이상 바꿀 수 있고 월 200만원 넘는 수입이 생길 듯하다.

상가를 처분하면서 채무는 다 갚고 월세는 오히려 더 증가하는 2가지 효과가 생긴다.

그 소형 아파트들의 월세를 받다 보면 아파트 가격들도 오를 것이다. 월세를 받고 자산의 가치도 증가하는 바람직한 변화다.

부동산 투자란 연속성이 있어야 한다.

좀 더 좋은 쪽으로 갈아타면서 계속 수익을 남기는 아주 바람직한 변화를 일으키게 해야 한다.

**물론, 뜻대로 안 될 때도 있을 것이다. 큰일이 아니라면 어느 정도는 감수해야 하고 지혜롭게 헤쳐 나가야 한다.

모든 투자를 100% 성공시키면 좋겠지만 알다시피 쉽지 않다. 확률을 조금이라도 높이기 위해 지속적인 노력을 기울여야 한다. 어떤 노력을 해야 하는지는 앞으로 계속 얘기하겠다.

상가 투자에 대해 간략하게 정리하면 다음과 같다.
1. 위치 : 경기 안산 주상복합 아파트 2층 상가 3칸
2. 매수년도 : 2014년
3. 매수가격 : 2억 1500만원(3칸 모두 합계 금액)
4. 임대조건 : 보증금 3000만원/185만원(부가세 별도)

* **상가의 미래 비전**

1. 신안산선 개통(2026년)

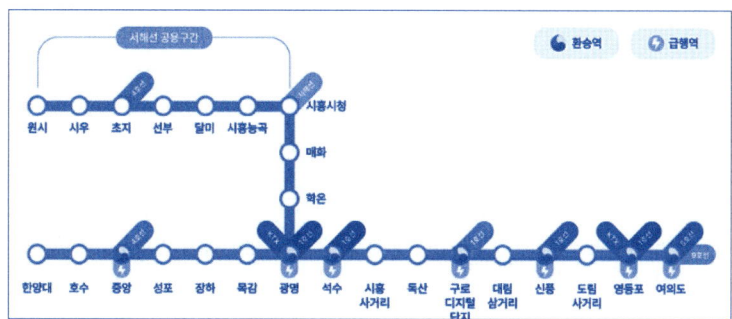

- 구로디지털단지~2호선 환승
- 신풍~7호선 환승
- 여의도~5, 9호선 환승

신안산선의 개통은 경기 안산시를 서울권에 더 근접시킬 수 있는 교통망을 가지게 한다. 추후 서울역까지 연결되어 1시간 안에 서울역까지 도달 가능하다.

2. 3기 신도시 건설 예정
　보유한 상가 맞은편에 안산 장상지구가 들어올 예정이다.

2.

내 인생의 첫 주택
- 빌라 → 나홀로 아파트 → 자이 아파트

한국인이면 누구나 내 이름으로 등기가 되어 있는 집에서 거주하길 대부분 원한다. 나 역시도 마찬가지다.

그렇지만 집이라는 게 편의점에서 물건 사듯 간단하게 살 수 있는 게 아니다.

가장 큰 문제는 역시 돈이다. 난 결혼 후 이런저런 문제로 군포 금정에 있는 다가구 반지하 주택에 살았다.

영화 기생충에서 나온 형태의 다가구 반지하 집이고 집의 크기는 그보다 더 작았다. 거기서 살게 된 이유는 있지만 별로 얘기하고 싶지 않아 이 책에서는 생략하겠다.

혹시 기회가 된다면 나중에 한번 언급할지 모른다.

2002년 한일 월드컵이 나라 전체의 분위기를 띄울 때 난 매일매일이 우울했다. 왜냐면 그 무렵 32평 아파트에서 이곳

군포 다가구 반지하 주택으로 이사를 했다. 부모님, 나, 동생 그리고 얼마 후에 와이프도 함께 살게 되었다.

불과 1년 전까지도 가족 중 어느 누구도 이 일을 예상치 못했다. 32평 아파트는 아버지가 살면서 처음 분양받은 아파트였다. 동생의 사업 실패(?)로 빚 일부를 아파트를 팔아 정리하고 반지하 주택으로 이사하게 되었다. 이 얘긴 여기까지만 하겠다.

방 2개, 화장실 1개 반지하 주택에서 다섯 식구가 살았다.

잠깐 다른 얘기를 해 보면 현재 내 주위 지인분들은 이런 내 과거를 대부분 알지 못한다. 나 또한 굳이 얘기하지 않으려고 한다.

내가 원래부터 조금은 잘살았고 그래서 부동산 투자를 통해 현재에 이르렀다고 많은 분들이 생각하는 것 같다.

아무래도 나로서도 그렇게 생각해 주는 게 더 좋기도 하다.

반지하 주택은 전용면적이 9평 정도였다.

방은 2개였지만 거의 원룸과 비슷하다고 생각된다.

성인 5명이 같이 살기엔 턱없이 부족하다.

게다가, 32평 아파트의 짐들이 대부분 다 들어와 있었다.

그렇지만 상황이 그러하기에 담담히 받아들이고 열심히 살려고 노력했던 것 같다.

지나간 과거만 붙잡고 있기엔 내 인생이 너무 아까웠다.

그 반지하 주택에서 탈출하는 데 4년이란 시간이 걸렸다.

부모님은 계속 거주하시고 우리 부부만 다른 집으로 2005년에 이사했다. 이사한 집 역시 반지하였다. 지난번 반지하 주택과 다른 점은 방이 3개 화장실이 2개인 신축 빌라였다는 것이다.

전세 3500만원으로 거주할 수 있는 최고의 주거공간이었다.

다른 사람이 보기에 어땠을지 몰라도 난 지난번 집에 비하면 호텔이라고 느꼈다. 오래 살고 싶었으나 나의 호텔 생활은 2년 만에 끝났다.

2년 후 주인분이 전세금을 지금 전세 가격에서 3500만원을 올려 달라고 했고 난 2000만원 인상으로 전세금을 합의해 보려 했지만 실패했다.

집 장만은 이런 이유로 하게 되는 듯하다.

처음부터 집을 살 생각은 없었고 내가 거주했던 안양시보다 더 저렴한 안산으로 집을 구하기로 했었다. 당연히 전세로 구하려 했고 부모님과 와이프가 집이 너무 좋다고 해서 안산에 소재한 빌라를 그냥 매수하게 되었다.

난 계약을 하고 추후에 집을 볼 수 있었다.

내 인생의 첫 집은 경기도 안산에 있는 빌라였다.

4층 건물 3층에 빌라 2세대가 있었는데 그중 하나가 우리 집이고 1층엔 가게가 있었다.

그 당시 빌라는 살기엔 그럭저럭 괜찮았으나 가격은 잘 오르지 않는 편이었다. 물론, 그럼에도 나중에 차익을 남기고 팔았다.

얼마에 사서 얼마에 팔았는지 생각해 보니 나름 그 당시엔 꽤 괜찮은 투자였다.

2007년 1억 900만원에 사서 2010년 1억 4500만원에 팔 수 있었다.

큰 기대는 안 했지만 3000만원이 넘는 수익이 발생했다.

2003년에 공인중개사 자격증을 취득했으나 부동산을 사고 파는 건 이번이 처음이었다. 그래도 계약서는 스스로 이해 가능한 게 무척 다행이라고 여겼다.

부동산으로 이룬 내 인생의 첫 번째 투자이자 재테크였다.

참고로 1억 900만원에 대출이 4500만원 있었고 난 대출을 받는 순간 그 대출을 갚기 위해 농협을 거의 매일 들락거렸다.

그만큼 대출이 싫었던 것 같다. 지금은 별 느낌 없지만 이것도 경험으로 극복 가능한 문제인 듯하다.

농협 직원분들이 신기하게 쳐다보곤 했다. 이자를 조금이나마 줄여 보려고 자주 원금을 갚으러 갔다.

이 당시엔 중도상환 수수료가 없어서 중간중간 원금을 상환하면 이자가 줄어들 수 있었다. 중고생들 수학 과외를 하던 나는 과외비를 주로 현금으로 받기에 어느 정도 생활비를 제외하면 원금 상환이 가능했고 내 기억엔 2년이 안 돼서 원금 상환을 다 했다.

그리고 두 번째 집은 아파트였다.

주상복합의 한 동짜리 나홀로 아파트였다.

매수 이유는 와이프가 너무나 간절히 원해서였다.

1층은 상가, 2층부터 7층까지는 아파트였다. 참고로 맨 마지막인 7층은 복층 아파트였다. 아래층은 30평, 복층인 위층은 20평 이상은 되었고 복층에서도 허리를 펴고 걸어 다닐 수 있는 공간이 꽤 넓었으며 화장실도 갖추고 있었다.

대부분 사람들이 처음 보면 사고 싶은 충동을 느낄 수밖에 없는 아파트였다. 가격도 꽤 합리적이었는데 단층 아파트의 분양가는 2억 3000만원인데 반해 복층 아파트는 2억 7500만원이라서 다소 저렴해 보였다.

사실 이 당시엔 집을 살 만한 상황은 아니었다. 돈도 돈이었지만 어머니께서 병원에서 암 투병 중이셨고 시한부 선고를 받은 상태였다. 결과적으로 어머니가 매수하라고 해서 계약하게 되었고 어머니는 한 번도 이 집을 오시지 못하고 2009년 6월 어느 날 끝내 돌아가셨다.

잠시 어머니 얘기를 하자면 어머니는 세상의 모든 어머니가 그러하듯 천사 같은 분이시다. 특히 다른 사람의 말을 잘 들어 주신다. 그렇지만 어머니 자신의 얘기는 좀처럼 하지 않으신다. 어렸을 적 내 기억에 친척분들은 시간을 가리지 않고 어머니께 고민들을 한 보따리 쏟아 놓고 가시곤 했다.

어머니의 스트레스는 짐작하기 어려웠을 것이다.

이런 얘기를 하는 이유는 어머니의 죽음이 내 인생의 전환점이 되었고 그로 인해 나는 조금씩 더 발전할 수 있는 사람이 되어 갔다. 특별히 어떤 불효를 저질러서 그런 건 아니다.

이제 나는 철저하게 나의 인생 목표를 위해 정으로 망치지 않으려는 것이다. 어쨌든 이로써 두 번째 주택에서의 삶이 시작되었다. 이 아파트 또한 2년 정도 거주 후 2013년에 매도하게 된다. 아쉽게도 큰 수익은 못 보고 거의 산 가격에 되팔았다.

세 번째 집은 지금 2024년 현재도 살고 있는 집이다.

이 집을 사게 된 이유가 있다. 전국에 있는 모든 지역의 자이 아파트 중 가장 저렴했다. 이런저런 이유로 집 살 돈이 별로 없었고 무조건 70%의 대출을 받아 사야 해서 그나마 저렴한 집을 알아보다 세종 조치원에 있는 자이 아파트를 찾게 되었다.

2016년 여름 조치원 자이 아파트 48평을 2억 2천에 매매 계약했다. 이 계약 전까지 빌라와 아파트를 각각 1번씩 매수하긴 했으나 모두 처분하여서 다주택자가 되어 본 적은 없다.

어쨌든 예전 반지하 주택에서 1군 브랜드인 자이 아파트 40평대를 살 수 있다는 것이 70%의 대출을 받긴 했지만 행복했다.

나중에 수십 채의 아파트를 살 거라곤 이 당시엔 짐작도 하지 못했다.

계획하기보다 어쩌다 보니 여기까지 왔다고 하는 편이 더 어울릴 듯하다. 이제 와서 불만은 없다. 다만, 좀 더 빨리 부동산 투자를 시작 못 한 게 안타까울 뿐이다. 서론이 길었다.

2016년 5월쯤 세종 조치원에 있는 자이 48평을 2억 2천을 주고 매수했다.

대출은 매매금액의 70%인 1억 5400만원을 받았고 나머지 6600만원의 잔금과 취등록세, 등기비용 등을 포함 7000만원 소요된 듯하다.

그 당시 7000만원으로 전세를 살았다면 지금의 난 어떻게 살고 있을까?

아마도 그저 그런 방 2개의 주택을 전세로 전전하며 살았을 것 같다. 지금도 그렇지만 내가 원하는 삶이라 보기 어렵다.

지나고 나면 삶에 있어 내가 잘한 일과 못한 일이 극명하게 갈린다. 누구든 다 잘하고 싶지 않겠는가? 그것 또한 무슨 일이든 실행에 옮겨야 판단이 가능하다. 그조차도 안하면 우리는 판단할 기회조차 잃는다.

항상 다른 사람이 하는 건 언제나 쉽고 나는 아무것도 안 하면서 만약 내가 그 일을 하면 그 사람보다 더 잘할 거라 얘기한다. 내가 보기엔 궤변에 불과하다. 다른 이의 행동에 자기 자신을 대입해서 더 나은 모습으로 포장하는 것 자체가 문제다.

그러지 말고 **앞으로는 내가 직접 행동하고 느끼고 반성하고 돌아보는 삶을 사는 게 어떨까?**

주저리주저리 말이 많았다.

일단 난 아직까진 다시 말해 2016년까지는 투자자라기 보단 평범한 1주택자이다. 다주택자가 되려고 미리미리 오랫동안 준비하는 사람은 별로 없을 듯하다. 적어도 난 그렇지 않았다.

어느 순간 돌아보니 그 길을 걷고 있었고 그 일들에 관련된 공부를 하고 또한 그와 관련된 모임도 만들어 하고 있었다.

혹 누군가 다주택자들이 엄청난 준비를 한다고 생각할지 몰라 얘기한다. 내가 그렇다는 것이다.

2016년 세종 조치원 자이 아파트를 매수할 당시 친구가 세종 신도시에 있는 아파트를 사면 어떠냐고 내게 물었지만 난 조치원에서 사는 게 편할 것 같다고 얘기했다.

실은 이제 와 얘기지만 세종 신도심에 내가 원하는 평수의 아파트를 사기엔 돈이 턱없이 부족했고 알량한 자존심에 그리 얘기했던 것 같다.

어쨌든 난 지금 조치원에서 사는 게 크게 불편한 점이 없다. 일단 서울 가는 기차도 조치원역에 자주 있고 급할 땐 오송역에 가서 KTX, SRT를 타면 된다.

아파트 앞 버스 정류장에 조치원역이나 오송역을 가는 버스가 자주 있어 편하다.

  서울로 가는 이유는 최근에 에듀윌 부동산아카데미(노량진 학원)에서 부동산 투자 강의를 시작했기 때문이다.

  이 얘기는 중간중간 조금씩 하고자 한다.

  사실 에듀윌 부동산 아카데미에서 부동산 강의를 하기 전에도 산본 신도시(경기 군포) 수학 학원에 학생들을 가르치러 다녔다. 지금 생각해 보면 집은 조치원이지만 늘 서울 경기로 일하러 다녔던 것 같다.

  다주택자 얘기를 시작하기 전 내가 성인이 되면서 어떤 일을 하였는지 얘기해 볼까 한다. 공대를 졸업한 난 삼화 페인트라는 제조업체에 1997년 입사했다.

  잘 아시다시피 1997년은 한국 경제에 기록될 만한 사건이 몇 가지 있었다. 일단 기아 그룹의 부도와 IMF에서 구제금융을 받은 것이다. 너무 어려웠던 시기였다.

  그리고 난 이 당시 국민은행에 자유적금을 들었는데 이자율이 무려 12%였다. 지금 생각하면 믿기지 않는 일이다.

  다시 말해, 그만큼 돈이 씨가 말랐다고 표현하는 것이 맞을 것이다. 1년 적금을 납입하면 한 달 적금 금액이 이자로 붙어 있어서 누군가 대신 적금을 납부해 준 적이 있는지 확인하곤 했다. 그 정도로 12%의 이자율은 막강했다.

  지금 10% 이상의 이자를 은행에서 준다면 각종 투자자들은 많이 사라지고 대다수 사람들은 은행에 돈을 맡기고 편안한 노후를 즐기러 다니지 않을까 싶다.

지금도 그 당시에도 변하지 않는 사실은 그 누구라 할지라도 기회는 있고 그걸 위한 노력도 필요하다는 것이다.

삼화 페인트 연구소에서 근무하면서 많은 생각을 했다. 대학 졸업 후 근로자로 살면서는 행복한 노후를 기대하긴 어렵다는 것을 알았다. 이제 뭘 어떻게 해야 할지 궁금해졌다.

나만 그럴까? 잘 살고 싶다. 돈에 패배하고 싶지 않다. **내가 좋아하는 일들을 하며 살고 싶다. 이제 시작하자. 그 길 끝에 뭐가 있는지 몰라도 함 가 보자.**

이런 마음이 사는 내내 들었던 것 같았다.

그러나 뭘 어찌해야 좋을지 판단이 서지는 않았다.

처음으로 취업한 삼화 페인트에서 1997년부터 1999년 말까지 꼬박 2년간 근무했다. 그 당시 거의 모든 사기업이 그랬을 테지만 내가 다니던 회사는 조금 더 심했다. 오전 8시까지 출근하고 퇴근은 저녁 10시 이후였다. 집에 오면 11시 정도였고 씻고 자는 일 외에 내게 더 좋은 워라밸은 허락되지 않았다.

점심, 저녁 시간은 원래 1시간이 주어져 있지만 시간 내 겨우 10분 정도 밥만 먹고 일을 처리하기 바빴다.

지금 생각해도 왜 그렇게까지 업무지시가 왔는지 알 수가 없다. 군대 생활보다 시간 여유는 더 없었던 듯하다.

그렇게 만 2년을 직장에 다니며 한 가지 결심한 게 있다. 어느 곳에서든 이렇게 일하면 이보다 조금은 더 나은 삶을 살지 않을까?

그래서 1999년 12월 24일 그 회사를 그만두고 집에 왔다. 적어도 그 해 크리스마스는 밖에서 보내고 싶었다. 그래서 퇴사 날짜를 정확히 기억한다. 그땐 주 6일 토요일까지 근무가 원칙이었고 토요일도 저녁 9시 이후 퇴근이 많았으며 일요일과 공휴일에도 대부분 출근했다.

물론, 다른 팀들은 아니고 우리 팀만 그랬던 것 같다. 아마 내가 다른 팀에서 근무했더라면 아직도 그 회사를 다니지 않을까?라고 가끔 생각해 본다.

회사를 그만두기 전 뭘 할지 이미 생각해 놓은 게 있었다. 그 일은 감정평가사라는 시험에 응시해서 합격해 전문직을 가지는 것이었다. 감정평가사가 하는 일은 쉽게 말해 부동산, 동산 등의 가액을 평가하는 전문가이다.

이 시험은 사법고시와 비슷한 고시 형태의 시험이다. 1차는 객관식, 2차는 서술형 주관식이다. 그렇지만 만만치 않은 시험이었고 공대 출신인 내겐 전공과는 거리가 먼 과목들뿐이었다. 1차는 민법, 경제학원론, 회계학, 부동산 관계법규의 4과목이었고 2차는 감정평가 이론, 감정평가 실무, 감정평가 및 보상법규의 3과목이다. 현재는 찾아보니 1차에 영어 과목이 추가되어 있는 걸로 보인다.

이제 와서 생각해 보면 이 시험공부는 내가 알지 못하는 세상에 대해 어느 정도의 호기심을 느끼게 해 주었다. 생전 처음 공부해 보는 과목들로 시험 본다는 생각보다 지식을 쌓아가는 기분이었다. 가정에 일이 생겨 중도에 포기했지만 이 공부로 난 어느 정도의 인생의 전환점을 맞았다. 집에 일이 없었다면 감정평가사 시험에 붙었을지는 알 수 없다. 누가 응시하더라도 만만치 않은 시험이었기 때문이다.

그래도 2차 서술형 주관식까지 공부한 터라 시험에 미련은 없었고 합격하진 못했지만 감정평가사의 업무를 대략 알 수 있었다.

그나마 다행인 것은 시험을 그만둔 해에 부랴부랴 공인중개사 시험을 응시했고 다행히 합격했다. 2003년도의 일이라 생각된다.

30대 초반부터 늘 부동산에 관심이 있었고 단지 돈이 없었을 뿐이다.

적어도 내 눈에 아파트 가격은 시간이 흐르면서 계속 오르는 그런 부동산이었다. 돈은 없었지만 늘 관심 있게 부동산 시장을 관찰했다.

언젠가 돈은 생기고 난 원하던 투자를 할 거라고 말이다.

그 후로도 아주 오랫동안 투자를 할 수 있는 상황은 오지 않았다. 인생을 다는 모르지만 항상 무슨 일은 생기고 원하던 상황은 그리 쉽게 오지 않았다.

2003년에 공인중개사 합격을 하고 2007년에 경기 안산에 빌라를 사고 2010년도에 안산에 나홀로 아파트를 사고 2016년 조치원 자이 아파트를 살 때까지 사고팔다 보니 언제나 1주택이었다.

2주택으로 간다는 건 생각보다 쉽지 않았고 그 맘을 알기에 누군가 아파트를 사서 2주택 이상의 다주택자가 되려고 한다면 쉬운 일은 아닐 거라고 얘기한다.

내가 현재 아파트를 약 30채 정도 보유했으나 아파트를 사는 과정이 한 번도 쉬웠던 적이 없다. 남들이 보기에 속된말로 밥 먹듯이 집을 사니 그냥 손쉽게 산다고 생각하시는 분들이 대다수라 이런 말을 자꾸 하게 된다.

부동산을 산다는 것은 주식이나 코인을 사는 것과는 좀 다르다고 볼 수 있다. 일단 부동산을 사지만 그 소유자는 사람이라 인간 대 인간의 거래인 것이다. 주식이나 코인은 그냥 돈만 있으면 살 수 있지만 부동산은 계약하기 전까지 조정하고 기다리는 절차들이 있다. 이 과정 중에 계약이 안 되는 경우도 다반사다.

나의 부동산 매수 과정 중 계약이 어긋날 뻔한 경우가 여러 번 있을 뻔했다. 계약이 되기까지는 항상 긴장하고 무엇보다 냉정함을 유지해야 한다. 모든 계약이 끝나기 전에는 안심해선 안 된다. 금액에 상관없이 계약은 언제나 중요하고 소중하다. 나중에 그 계약으로 인해 엄청난 수익을 놓칠 수도 있기 때문이다.

다행히 난 단 한 번도 원하는 계약을 놓친 경우는 없다.

늘 집요하게 끝까지 포기하지 않으려 노력했고 계약의 상대방이 예의 없이 대하거나 말도 안 되는 요구를 해도 내 뜻이 관철될 때까지 기다리곤 했다.

이런 에피소드는 차후에 얘기해 보겠다.

2016년에 세종 조치원에 있는 자이 아파트를 매수했지만 안산 학원에 근무하던 나는 주말부부로 지내고 있었다. 이제 와서 하는 얘기지만 난 시간 날 때마다 가까운 부동산에 들르곤 했다. 돈은 없지만 혹시 살 만한 좋은 투자 물건이 있나 해서다.

그래서인지 언젠가부터 부동산을 들락거리는 게 편했고 한동안 안 가면 살짝 불안했다. 사람이라는 게 어느 순간 쉽게 변하지 않는다. 이렇게 **조금씩 스며들면서 바뀌지 않을까 싶다.**

부동산 투자를 하고 싶고 부동산 투자로 부를 쌓고 싶은 분들은 부동산 중개업소에 방문하는 걸 두려워하거나 망설여서는 안 된다.

만약 그런 망설이는 마음들이 계속 생긴다면 편안해질 때까지 계속 드나들면 된다. 뭐든 반복해서 경험을 쌓으면 편안해지기 마련이다. 이조차도 하기 싫다면 부동산 투자를 추천해 드리고 싶진 않다.

인생을 살다 보면 하고 싶은 일만 하고 사는 건 쉽지 않다. 하고 싶지 않은 일을 열심히 하고 잘하게 될 때 비로소 성공이라는 목표에 근접할 수 있을 것이다.

일부러 하고 싶지 않은 일을 할 필요는 없지만 상황이나 환경에 따라 할 수도 있어야 한다.

뭐든 열심히 노력하고 배우는 사람이 성공할 가능성이 높다.

내가 살면서 느낀 대부분의 사람들은 경험해 보지 않고 잘 아는 것처럼 얘기하거나 심지어는 내가 아는 누군가가 이런 얘기를 했다며 그 말은 맞지 않다고 가르치기까지 한다.

얘기를 하다 보면 어느새 노련한 경험자인 듯 자신을 치켜세우기가 다반사다. 지금은 그러려니 한다. 그도 그럴 것이 인생을 살면서 그 정도는 해야 자존감이 오르지 않을까 싶다. 이해하려고 한다.

본격적으로 다주택자가 되려 했던 때는 아마도 2017년쯤이었던 것 같다. 정확한 이유는 알 수 없지만 부동산이 많아야 부자가 될 수 있다는 생각일 것이다.

투자금이란 건 늘 없었고 돈이 없는 투자자는 더 높은 효율을 항상 고민할 수밖에 없다.

짠물 투자, 이게 지금껏 내 투자의 바탕이다.

앞으로도 이 원칙은 꼭 지키고자 노력할 것이다.

무려 10년간 이어 온 1주택자에서 어느 우연한 기회에 2주택자가 된다.

3.

두 번째 집을 사다
- 잘 아는 지역에 투자한다

지금부터 2주택을 위한 도전에 대해 얘기해 보려고 한다.

시작은 언제나 그렇듯 예상치 못한 순간에 찾아온다.

2018년 여름의 일이다. 그날도 안산에서 학원에 출근하기 전 잠깐 부동산에 들렀다. 그 부동산은 상가를 3채 모두 매수할 때 거래했던 부동산이고 그 전에도 가끔씩 들르곤 했다.

과거 기억이라 모든 게 다 기억나지는 않으나 기억나는 대로 쓰려 한다.

부동산 사장님이 대뜸 현재 가족들이 어디에 거주하는지 물었다. 난 그때 주말에만 집에 가는 주말부부로 지내고 있었다. 안산 학원에서 학생들을 가르치느라 그랬다.

세종 조치원에 산다고 말했고 어느 아파트냐 물어 자이 아파트라고 아무 생각 없이 얘기했다.

그러자 지금 네이버에서 마침 조치원 자이 아파트 매물을 보고 있었다고 했다. 사장님은 상가 계약할 때 이미 내가 조치원 자이 아파트에 사는 걸 알고 있었고 오늘은 확인차 물어본 듯 보였다.

어쨌거나 왜냐는 표정으로 쳐다보니 아파트가 저렴한 게 있어서 사장님 자신이 투자하면 어떨지 물었고 난 가격이 얼마인지 다시 되물었다.

1층이고 동향이긴 하나 32평 매매가격이 1억 5500만원이라고 했다. 너무 저렴한 가격에 듣고 놀랐다. 솔직히 나도 사고 싶은 생각이 들었지만 무엇보다 돈이 없었고 현재의 내 처지로는 엄두가 나지 않았다.

가격 괜찮으니 부동산 사장님에게 사라고 권유했다. 사장님이 오케이 하고 어디론가 전화를 하더니 내게 공동투자는 어떤지 물어 흔쾌히 좋다고 말했다. 아파트를 살 마음에 살짝 들떠 있었고 계약을 하자고 얘기했다.

그로부터 얼마 후 골똘히 생각하던 사장님은 본인은 투자를 못 할 것 같다고 나보고 하라고 했다. 와이프에게 전화를 걸어 집을 보라고 했고 돈은 없었지만 다음과 같은 전략으로 계약했다.

매매가격 1억 5500만원 대출은 매매가격의 70%인 1억 800만원을 받았고 보증금 2000만원에 월세 50만원을 받았다. 3000만원이 부족했는데 그건 신용대출을 받고 담보대출 이자와 신용대출 이자는 월세로 거의 충당이 되었다.

　어찌 보면 **현금 없이 매수할 수 있었던 좋은 계약이 되었고 바로 이때 난 인생 처음으로 2주택자가 되었다.** 기분이 좋은 건 맞지만 부동산이란 게 사고 계약해서 잔금을 치르고 나면 그다지 큰 감흥은 없다. 이건 나만 그런 건지 다른 투자자분들도 그런 건지는 얘기를 나눠 본 적이 없어 잘 모르겠다.

　지금도 부동산 투자를 하고 있지만 가장 흥미로운 순간은 매물을 찾아 부동산에 전화를 걸고 금액을 조정해서 계약금을 넣을 때까지인 것 같다. 그 뒤로는 그냥 관공서에서 등본 한 통 떼는 그 정도의 기분이다. 그래서 나중에 부동산 등기가 도착하면 확인 후 별다른 내색 없이 등기 가방에 넣어 두고 잘 꺼내 보지는 않는다.

　어쨌든 생각하지 않았던 다주택(2주택 이상)자가 2018년 여름쯤 되었고 그 뒤로 바로 3주택을 매수하거나 그러지는 않았다. 사실 지금에서야 보면 그때마다 더 매수할 거란 생각을 가지고 계획을 세우는 건 아니다.

　어쩌다 보니 그리된 것일 뿐….

　과거에는 꿈도 꾸지 못했던 일이 내게 생긴 것이다.

　비록 지방이지만 자이라는 1군 브랜드의 아파트를 2채나 소유하게 되었다. 그것도 두 채 합쳐 거의 7500만원(세금 포함)이라는 돈으로 가능한 게 더 놀라운 사실이었다.

　예전에 어른들이 이가 없으면 잇몸으로 먹으면 된다고 하셨는데 비유가 맞을지 몰라도 딱 그 느낌이라고 해야 할 것 같다.
2주택까지의 필요자금을 계산해 보면 아래와 같다.

	매매금액	대출금액	보유현황	투자금
1주택(48평)	2억 2000만	1억 5400만	실거주	6600만
2주택(32평)	1억 5500만	1억 3800만	투자(월세)	0

위에서 얘기했듯 **2주택은 담보대출과 신용대출 이자를 월세 받는 돈으로 충당해서 특별히 들어간 투자금은 없었다.**

1억도 안되는 돈으로 자이 아파트 47평과 32평 2채를 모두 소유하게 되었고 2건의 계약이 모두 끝난 뒤 살짝은 기분이 업되기도 한 기억이 있다.

그럼에도 난 앞으로 부동산 투자를 많이 하는 투자자가 돼야지라고 생각한 적은 결단코 한 번도 없다. 지금껏 그런 목표는 없었다고 얘기하는 게 맞을 듯싶다.

물론 아무도 믿지 않을 줄 알지만···.

부동산 투자를 한 번도 해 본 적이 없거나 투자에 자신감이 없는 사람도 실망하거나 시도도 하기 전에 포기할 필요가 없다.

이 글을 쓰고 있는 나도 처음엔 투자자가 아닌 평범한 근로자였다. 아파트를 한 채 한 채 살 때마다 여러 가지를 공부했다.

일단 2주택이 되면서 양도소득세를 공부했다. 아시다시피 각종 세금은 너무 어렵다. 특히나 부동산 관련 세금은 지금도 거의 매년 개정된다. 현재 난 매년 부동산 관련 개정 세법을 체크하고 공부하고 있다.

모든 일이 거의 그렇다. 코앞에 닥쳐야 뭔가를 준비하고 노력하려 한다. 유비무환이라는 말은 지금 시대에는 잊힌 듯하다.

잠깐 다른 얘기를 해 보면 한국은 주식투자를 많이 하는 나라다. 손쉽게 사고팔 수 있어서이고 일반적으로 소액으로도 투자가 가능하기 때문이다.

하지만 그만큼 손해도 많이 본다. 주변에 10년 이상 주식투자를 하는 사람 중 주식 투자로 큰돈을 벌었거나 주식 수익률이 높은 사람을 거의 본 적이 없다.

대부분 10년간 주식 투자를 해서 본전만 돼도 그 정도면 잘했다는 말을 하는 게 다반사다. 이런 대화가 부동산 투자를 하는 나로서는 너무 이상했다. 10년간 주식 투자를 해서 수익이 없다는데 그 정도면 잘한 거라니….

그러면 수익도 안 되는 주식 투자를 그동안 왜 한 것일까??? 10년간 주식 정보를 듣고 공부하고 매수, 매도 타이밍을 고민하는 온갖 노력의 시간들의 기회비용을 생각하면 너무도 큰 손실인데….

차차 얘기하겠지만 **한국은 주식 투자에 대해선 관대하다.**

그러니 이런 얘기들을 하는 게 아닐까 싶다.

솔직히 나로서는 이해가 잘 되진 않는다.

10년간 정기예금에 넣어 두었다면 그 복리 이자로만 수익률이 어느 정도는 될 텐데….

주식은 투자가 아닌 소비성의 놀이가 된 듯하다.

물론, 처음부터 그럴 의도는 아니었겠지만 투자의 세계는 냉정하다. 아닌 건 아닌 거다. 손실이 나면 냉정하게 원인을 찾고 반성도 하고 계속 하는 게 좋을지 판단도 해야 한다.

여전히 주식 투자를 하시는 분들이 많아 더는 얘기하지 않도록 하겠다. 괜한 얘기로 욕먹기 싫어서….

그에 반해 부동산 투자는 어떤가? 주식 투자에 비해 다소 많은 자금이 들고 투자 기간 동안 세입자를 상대해야 하는 번거로움이 따르지만 대체적으로 오랜 기간 보유하면 상승한다.

이건 과거 데이터를 보면 알 수 있다. 하지만, 2년 정도 보유 후 팔았을 땐 손해를 볼 수도 있고 이익을 볼 수도 있다.

부동산 투자를 하고 있는 나로서도 2년 후 내가 투자한 지역의 부동산 가격이 어떻게 될지 정확한 예상은 어렵다.

그래서 **장기보유를 생각하고 투자하는 편이다.**

다만, 돈이 필요할 때만 어쩔 수 없이 처분하기도 한다.

글을 쓰고 있는 2024년 12월 현재 내 보유 부동산 중 상가는 10년 정도 보유 중이고, 아파트는 8년 이상 보유하고 있는 것도 있다.

물론, 2년 정도 보유 후 매도한 경우도 있다. 매도한 케이스는 뒤에서 얘기하도록 하겠다. 내가 투자하면서 알게 된 부동산 투자의 매력은 따로 있다.

아파트 1채를 사려면 수억이 필요하고 세입자는 한 달에 몇 번씩 집수리 문제로 전화를 하는 그런 복잡하고 까다롭고 귀찮은 투자가 아니었다. 아파트 등기를 수십 개 보유하면서 알게 되었다.

투자를 하는 사람들이 가장 경계하고 또 가장 받아들여야 하는 말은 "돌다리도 두들겨 보고 건너라" 이 말의 해석은 어렵지 않을 수 있으나 받아들이는 사람에 따라 다를 수 있을 것 같다. 돌다리를 너무 두드리면 투자하기 어려운 성향이고 또 안 두드리면 투자하면서 위험에 빠질 수 있다.

내가 부동산 투자를 하면서 바뀐 생각은 아파트는 사는 데 꼭 큰돈을 들여야 할 필요가 없다는 것이다. 혹시 그런 생각으로 부동산 투자를 망설인다면 그럴 필요는 없다는 것이다. 내가 아파트를 사면서 **각종 세금까지 다 포함해 200만원도 안 되는 돈으로 산 경우도 더러 있다.**

얼마 전 예전에 평촌 학원가에서 수학을 가르쳤던 제자가 전화를 걸어 와 몇 가지 얘기를 들려주었다. 그중 하나는 주변의 지인들이 어떤 말을 하더라도 바로 믿지 말고 반드시 크

로스 체크를 하라는 것이다. 예를 들면 아파트를 사려면 큰돈이 필요하고 세입자 관리는 정말이지 할 일이 아니라는….

난 아파트 투자를 하면서 비로소 느꼈다.

적은 돈으로도 부동산 투자가 가능하고 세입자 관리도 생각보단 어렵지 않다는 것을….

무슨 일이든 어떤 투자든 이런 말로 시작되는 조언은 조심해야 한다.

"내 생각에는" 또는 "내가 보기에는" 또는 "내 기억에는" 이런 표현들은 확실한 데이터나 자료가 없다면 그 진위 여부를 반드시 따져 보아야 한다.

그런 말을 하는 사람들은 특별한 생각 없이 던지는 것처럼 얘기하고 혹시나 나중에 자신의 말과 다른 일들이 벌어지면 단순히 잘못 알았다면서 크게 개의치 않는다.

하지만, 그 말을 믿고 무언가 일을 했거나 또는 다른 사람에게 그 말을 전달했다거나 하면 조금은 낭패를 보게 된다.

이 책을 보는 사람들에게 꼭 부탁드리고 싶다.

100% 확실한 사실이 아니면 절대로 강한 주장으로 타인을 설득해서는 안 된다. 무심코 던진 돌에 개구리는 죽는 법이다. 내가 개구리를 죽일 수도 있고 내가 개구리가 될 수도 있다.

특히 투자 매물을 추천할 땐 반드시 잘 알아보고 하라는 식으로 몇 번은 얘기하고 또 얘기하며 주의를 줘야 한다.

내가 한 투자의 결과는 내가 책임질 수 있지만 다른 사람의 투자는 내가 책임져 줄 수 없기 때문이다.

너무 심각하게 설명한 듯 보이나 그런 건 아니다.

그냥 조심해서 손해는 보지 말자는 그런 생각들이다.

중간중간 이런 얘기들을 하겠지만 이 또한 내 생각이니 그저 참고만 하길 바란다.

4.
3주택, 다주택자의 첫걸음?

3주택은 과연 어떻게 시작되었나?

뭔가를 계획한 건 아니었고 2주택과 비슷하게 우연한 기회에 매수하게 되었다. 사건의 발단은 진짜 별 게 없었다.

와이프가 돈이 필요해 신용대출을 받았는데 대출을 갚을까 아니면 투자를 할까 해서 나도 모르게 바로 투자를 하자고 했고 그 아파트는 월세를 주어 세입자에게 받는 월세로 대출이자를 내고 나머지는 수입으로 할 수 있을 거란 얘기에 와이프도 동의했고 일은 바로 진행되었다.

지금도 늘 그렇지만 **난 언제나 당장이라도 투자할 수 있는 매물을 항상 머릿속에 업데이트해 두는 편이다.**

그 당시에도 얘기한 날 그날 바로 계약하러 갔던 것 같다.

3주택은 역시 조치원에 있는 주공 아파트였다.

5층이 최고 높이고 건축된 지 30년이 넘은 아파트로 그 당시 나중에 재건축이 될 수도 있는 입지가 좋은 물건이었다.

현재 위 아파트의 상황을 얘기해 보면 재건축 정비구역이 지정된 건 아니지만 예비조사(예비안전진단)를 끝내고 언제 할지는 모르지만 본 진단(정밀안전진단)을 앞두고 있다.

사실, 2020년에 3주택으로 매수할 땐 위 아파트는 고도제한(비행안전5구역)이 있었다. 쉽게 얘기하면 고도제한이 있다는 건 아파트를 높이 건축할 수 없다는 것이고 그만큼이나 재건축을 위한 사업성은 나쁘다는 것이다.

그럼에도 불구하고 주공아파트를 매수한 이유는 건축 규제를 무시해서도 아니고 단순하게 생각해서 가격이 저렴해서였다. 난 5000만원으로 이 아파트를 샀고 얼마 후 보증금 200만원 월세 30만원을 받았다.

이 아파트는 진짜 특이하게도 내가 매수하고 바로 그 다음 달부터 미친 듯이 오르기 시작했다. 가격이 왜 오르는지 말은 많았으나 아무도 알지 못했다. 다음 페이지의 그래프를 참고하시면 될 듯하다.

참고로 내가 매수한 지 3개월 후 1억을 넘었다.

2배가 되는 데 정확히 3개월이 걸렸다. 5000만원에 산 이 아파트는 나중에 2억 3000만원까지 올랐다.

세종 조치원에 있는 평범한 주공 아파트에 이런 일이….

재건축이 바로 될 거라는 헛소문도 돌았다. 가격이 급상승하다 보니 없던 호재도 생기는 진귀한 현상들이 있었고 계약 파기도 많았다. 친한 부동산 사장님 얘기로는 매매 계약도 많이 했는데 그만큼 계약파기도 많아 이쪽저쪽 상황 봐주다 중개 수수료를 못 받았던 경우가 여러 차례 있었다고 한다.

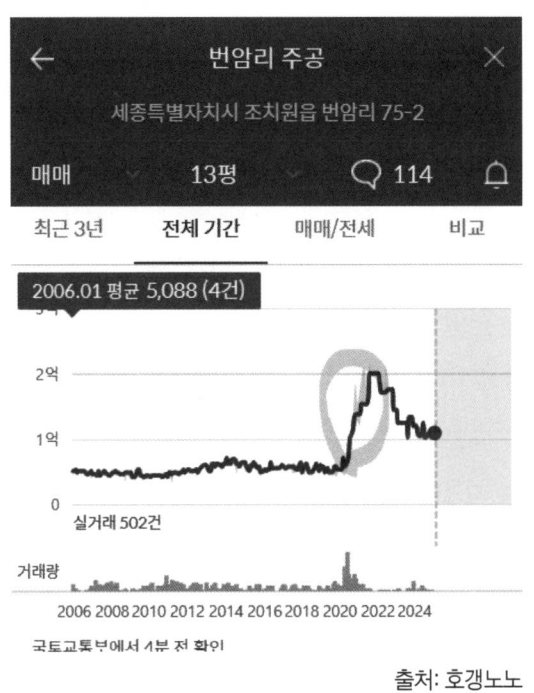

출처: 호갱노노

사실, 이 아파트는 재건축이 끝날 때까지 보유하려고 샀다. 근데, 지금 생각해 보면 가격이 2억 넘었을 때 파는 게 더 나았을지도 모른다는 생각이 든다.

부동산 투자는 사는 것보다 파는 시기를 정하는 게 훨씬 힘든 것 같다. 지나고 나서 얘기하는 건 누구나 가능하나 현재 시점에 매도하는 게 수익이 많이 나는지의 판단 여부는 너무 어렵다.

주식 투자에서 매도는 예술이라고 하는데 부동산 투자에서도 별반 다르지 않은 것 같다. 난 예술과는 거리가 멀다. 그렇지만 앞으로는 예술과 좀 가까워지려고 노력할 것이다.

요즘은 이런 생각이 들기도 한다. 누군가는 이런 얘기를 옆에서 한다. 그때 왜 안 팔았냐고…. 지나고 나면 그런 말은 누구나 할 수 있다. 그 당시에 "지금 팔아야 큰 수익을 얻게 될 거야"라고 얘기를 해 주는 게 더 필요하다.

아니면 아무 말도 하지 말고 옆에 있는 편이 더 낫다.

얘기해 봐야 속만 상하니….

그래도 살 때보다 가격은 많이 올라서 위안이 된다. 이런 걸 보면 사람의 욕심은 끝이 없다. 이를테면, 가장 싼 가격에 사서 가장 비싼 가격에 팔려고 하니 말이다.

하지만 세상일이 내 뜻대로만 되진 않는다. 그게 인생이고 그로 인해 인생은 더욱 단단해진다. 요즘은 긍정적인 회로를 많이 돌리려고 애를 쓴다.

투자에 있어 심리는 너무 중요하고 자칫 잘못하면 한 번에 모든 걸 잃을 수 있기 때문이다. 마지막까지도 긍정적인 자세를 갖고 흐트러짐이 없어야 비로소 냉철한 투자자가 될 수 있다.

이 모든 게 말처럼 쉽지 않다. 눈앞에서 가격이 떨어지면 조금씩 무너져 내리고 흥분하기 쉽다. 어찌 보면 돈이 오가는 투자 판에서 평정심이란 말은 어울리지 않을 수 있다.

어제 드라마를 보다가 누군가 이런 말을 하는 걸 들었다.

"끝날 때까지 끝난 게 아니다."

투자를 멈추는 순간까지 절대 방심하거나 나를 좀먹는 불안정한 심리 상태는 철저히 배제해야 한다. 투자를 하면 할수록 감정 컨트롤이나 이성적인 사고를 하려고 노력해야 한다.

어떤 노력을 해야 하는지 모르지만 주로 최대한 긍정적인 생각으로 접근하려고 노력한다. 대신 모든 투자가 성공할 거라는 생각도 하지 않는다. 약간의 손해를 가져온 투자도 잘 분석하면 나중에 손해 본 이상의 수익이 돌아올 거라 생각한다.

실패든 성공이든 내겐 모두 그 형태마다 유익하게 사용될 거라 믿지만 되도록 성공한 투자로 유익하게 사용된다면 좋겠다.

사실 따지고 보면 3주택도 신용대출 외에 들어간 돈이 없다. 그 신용대출 이자는 월세 받는 것으로 충당되고 남는다.

3주택이 되면서 난 이제 부동산 세법을 정면으로 마주하게 되었다.

잠깐 현재까지의 부동산 투자를 정리해 보면 1주택은 70% 담보대출을 받아 실거주 중이고 2주택은 월세 세입자가 있을 땐 월세로 대출이자를 감당했고 역시나 대출을 받아 현금은 거의 들어가지 않았고 지금 2주택은 전세 세입자가 살고 있는데 과거 매매가격보다 전세금액이 더 비싸서 대출을 다 갚고 모든 자금은 다 회수한 상태이다.

3주택은 신용대출을 받아 매수했고 처음엔 월세로 대출이자를 냈고 지금은 역시나 과거 매매가격보다 더 비싼 전세로 세입자가 거주 중이라 자금 모두를 회수했다.

결론적으로 1주택 외엔 대출이 없으며 특별히 들어간 돈도 없고 오히려 남은 돈으로 다른 곳에 투자를 한 상태다.

5.

부동산 세법 이야기

　내 주변에 부동산 투자에 관심 있거나 또는 부동산 투자를 이미 시작해서 해 오신 분들이 부동산 세법에 대해 상당히 많이 궁금해한다.
　일단 짐작하겠지만 양도소득세를 가장 많이 궁금해한다. 양도소득세란 싸게 사서 비싸게 팔았을 때 남은 수익에 대한 세금을 양도소득세라고 쉽게 얘기할 수 있다.
　다시 말해 **수익이 없다면 양도세는 납부하지 않아도 된다.**
　그럼 양도세는 얼마나 납부하게 되는 것일까?
　결론부터 말하면 수익이 많으면 양도세도 많이 낸다.
　가령 아파트를 2억에 사서 3억에 팔았다고 하자.
　그리고 이 아파트를 2년 이상 보유했고 그 년도에 이 아파트 한 채만을 팔았다고 가정하면 내가 얻은 수익은 1억이고 각종 비용(취등록세, 등기비용, 중개 수수료)과 기본공제(250만원)를 제외한 후 계산해 보면 대략 1500만원~2000만원 정도의 양도세를 납부하게 된다.

1억 중 약 2000만원을 세금으로 내고 약 8000만원 수익을 얻을 수 있다. 근데 대부분의 사람들은 1억 수익이 나면 양도세를 8000만원 내는 줄 안다. 그래서 부동산 투자는 수익이 나도 남는 게 없다고 얘기한다. 실제로 1억의 차익 중 8000만원이 수익이 된다면 꼭 해야 하는 투자가 아닐까 싶다.

제대로 알지 못하고 부동산 투자를 망설이시는 분들을 보면 마음이 좀 그렇다. 실제로 위 사실을 모르는 분들이 부지기수다.

오히려 각종 세금을 많이 내는 부동산 투자를 왜 하느냐며 내게 반문하는 경우도 더러 있다.

그때마다 어떤 세금을 얼마나 많이 내는지 혹시 아시느냐고 물으면 그냥 많이 내는 거 아니냐며 알지도 못하는 얘기를 꽤나 자신감 있게 말한다.

솔직히 많이 당황스럽지만 지금은 많이 겪은 터라 대수롭지 않게 넘긴다. 3주택에 있어 한 가지 더 알아야 할 세금은 취득세이다. 정부의 부동산 대책이 2020년 이후로 수십 번 바뀌며 부동산 세법도 매년 개정되고 있는데 일선 세무사나 회계사분들도 아마 100% 알기 쉽지 않다. 하물며 일반 사람들이 다 챙겨 보는 건 거의 불가능에 가깝다.

실제 내가 가장 많이 받는 질문 중 부동산 세금에 관련된 것이 가장 많고 그중엔 양도세나 취득세에 관한 질문이 압도적으로 많았다.

이제 얘기하겠지만 4주택 매수(공시지가 1억 이상의 주택 3채)부터는 취득세 부분을 잘 알고 해야 한다.

정부의 부동산 규제 대책 중 투기지역, 조정지역에 관한 내용이 있었고 지정되면 양도세나 취득세 중과가 되는 그런 내용이었다. 이런 내용들로 부동산 투자는 사람들의 생각 속에서 점점 더 멀어지는 듯했다.

* 취득세 얘기 (다주택자가 되기 위해 꼭 필요한 세금)

다주택자들에게 취득세는 투자할 때 중요한 부분이다.

보통 1%를 내지만 요즘은 경우에 따라 12%까지 낼 수 있다.

예를 들어 매매금액이 10억일 경우 주택의 취득세를 1억 2천까지 낼 수도 있다.

취득세만으로도 지방의 소형 아파트 1채를 살 수 있다는 얘기고 그만큼 12%의 취득세를 내면서까지 부동산 투자를 하기 어렵다는 얘기다.

어떤 경우에 취득세를 12% 내는지 이 글을 쓰고 있는 2024년 12월 기준으로 얘기해 보면 비규제지역(투기지역, 조정지역이 아닌 지역)에서는 공시지가 1억 이상의 주택의 개수가 4번째부터 취득세를 12% 내게 된다.

공시지가 1억 이상의 주택수가 3번째일 경우는 8%의 취득세를 내게 된다.

예를 들어 소유한 아파트 모두가 비규제지역에 있다고 하고 모두 10채라고 하자.

10채 중 공시지가 1억 이상인 주택이 1채 있고 나머지 9채가 공시지가 1억 이하인 주택이라고 하면 11번째 주택이 공시지가 1억 이상인 경우 취득세는 주택 가격의 몇 %를 내야 할까?

정답은 **11번째 주택의 취득세는 1%이다.** 왜냐면, 취득세는 공시지가 1억 이상의 주택 개수로 취득세를 몇 % 낼지 결정하기 때문이다.

그리고 순서는 상관없다. 공시지가 1억 이상의 주택을 10번째 샀다고 하고 앞서 산 9채의 주택 모두가 공시지가 1억 이하의 주택이라고 하면 **10번째 산 공시지가 1억 이상의 주택의 취득세는 1%이다.**

취득세를 정확히 알지 못해 부동산 투자를 하지 않는 사람이 생각보다 많았다. 결론은 간단하다.

비규제지역(서울 용산구, 서초구, 강남구, 송파구 제외한 전 지역)에서는 취득한 순서에 상관없이 공시지가 1억 이상의 주택이 2개까지는 1%, 공시지가 1억 이상의 주택이 3개일 경우 8%, 공시지가 1억 이상의 주택이 4개 이상일 경우는 12%의 취득세를 내게 된다.

⟨비규제지역 취득세 (2024년 12월 기준)⟩

취득세율(%)	1%	8%	12%
주택 개수(공시 1억 이상)	1개~2개	3개	4개 이상

여기서 주의할 점은 **공시지가 1억 이하의 주택은 중간에 몇 채를 사더라도 취득세 계산에 영향을 주지는 않는다.**

다만, **공시지가 1억 이하라도 정비구역이 지정된 경우** 공시지가 1억 이상의 경우와 같이 **주택수 계산에 포함된다.**

이 정도만 알고 있어도 부동산을 투자할 때 취득세로 고민할 이유가 없다. 여기서 규제지역의 취득세를 언급하지 않는 것은 보통 서울 주요 입지인 곳에 집을 몇 채씩 사는 사람은 많지 않아서 이 책에서는 그냥 넘기도록 하겠다.

단, 규제지역은 공시지가 1억 이상이 2채일 경우 8%, 공시지가 1억 이상이 3채 이상일 경우부터 12%의 취득세를 낸다.

여기서 취득세 얘기를 하는 이유는 받은 질문 중 아래와 같은 질문이 가장 많았기 때문이다.

"무주택자인데 비규제지역에서 공시지가 1억 이하의 주택을 처음에 2채 사고 세 번째 공시지가 1억 이상의 주택을 사면 취득세를 8% 내는 거 아닌가요?"

여러분들의 생각은 어떠신가요?

설마 앞의 글을 보고도 8%라고 생각하지는 않으시죠?

정답은 1%다. **주택수를 계산할 때는 항상 공시지가 1억 이**

상인 주택만 계산한다.

따라서 공시지가 1억 이상의 주택을 세 번째 사기는 했으나 그와는 상관없이 공시지가 1억 이상인 주택의 개수는 모두 1채이므로 1%의 취득세를 내면 된다. 앞으로는 부동산 투자할 때 취득세로 인해 주저하거나 망설이지 않기를 바란다.

공시지가 1억 이하의 주택은 100채가 있더라도 취득세에 영향을 주지는 않는다. 극단의 예를 들어 보면 공시지가 1억 이하의 주택을 먼저 100채 사고 101번째 주택을 공시지가 1억 이상의 주택을 사는 경우도 101번째 사는 공시지가 1억 이상의 주택의 취득세는 1%이다.

나중에 취득세에 대해 또 언급할지는 모르나 일단은 이 정도만 알고 있어도 문제는 없을 것이다.

취득세가 어느 정도 정리가 된 듯하니 **이제 양도세에 대해 잠깐** 얘기해 보겠다. 너무 복잡하다 생각지 마시고 깊은 내용은 설명하지 않는 방향으로 하겠다.

참고적으로 **취득세에서 공시지가 1억 이하의 주택들은 주택 수에 포함되지 않았으나 양도세에서는 포함된다.**

무슨 얘기냐면 공시지가 1억 이하의 주택들도 예외 없이 양도세는 공시지가 1억 이상 주택처럼 계산된다.

그러니 이 점은 꼭 기억하자.

한국에서 1가구 1주택자의 양도세는 원칙적으로 비과세로 실거래가 12억 이하의 주택에서 2년 이상 거주(규제지역) 시

내지 않는다.

12억 이상의 주택도 12억 이상의 금액부터 양도세를 계산한다.

예를 들어 8억에 매수한 주택을 13억에 팔았는데 1가구 1주택이라면 양도차익이 5억(13억-8억)이 아니라 1억(13억-12억)이 된다. 그리고 12억 초과 시 오래 보유하면 장기보유특별공제로 양도세를 많이 줄일 수 있다.

그래서 서울에 비싼 주택을 보유한 분들은 양도세를 줄이기 위해 되도록 장기간 거주하고 보유하는 편이다. 보유, 거주를 각각 10년 이상 하면 합쳐서 80%까지 장기보유특별공제가 된다.

서울 강남 고가의 주택을 가지신 분들은 아마도 장기보유특별공제를 받는 편이 좋다.

그리고 양도세로 또 하나의 팁이 있는데 그건 일시적 1가구 2주택이다. 1주택을 사고 1년 후 2주택이 되면 2주택을 산 지 3년 안에 1주택을 팔면 처음에 샀던 1주택은 양도세를 내지 않아도 된다.

* 일시적 1가구 2주택(양도세 비과세)

대부분의 사람들은 일시적 1가구 2주택을 이용해 세테크를 하며 부동산 투자를 한다. 내가 보기에도 좋은 투자 방법이라 생각된다. 한 가지 어려운 점은 첫 번째 주택을 팔 때 과연 부동산 시장의 흐름이 수익이 날 수 있느냐는 것이다.

부동산 시장의 흐름을 잘 예상만 할 수 있다면 이만큼 안정적이고 좋은 투자방법도 없다고 생각한다.

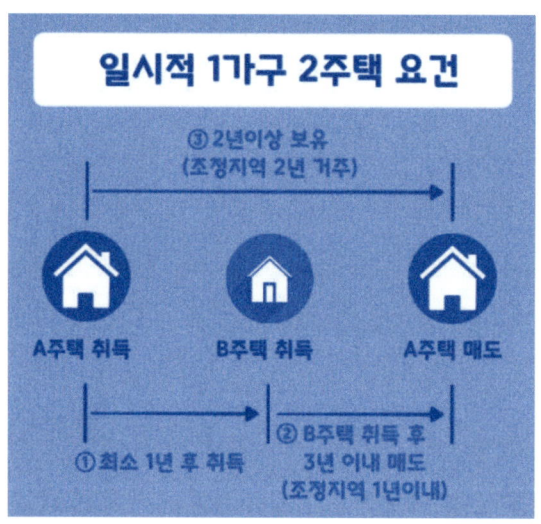

앞에서 대략 설명했지만 **양도세는 수익이 많이 날수록 많은 세금을 낸다. 대신 수익이 없거나 손해를 보면 양도세는 없다.**

주택을 사서 1억의 수익이 나면 약 1500만원~2000만원의 양도세를 내게 된다. 앞서 말했듯 실거래가 12억 이하의 주택을 2년 이상 보유했거나 일시적 1가구 2주택에 해당하는 경우는 제외한다.

아파트 투자로 양도세를 내지 않으면 좋지만 1억을 벌어서 2천 정도 내는 세금은 내 입장에서는 나름 괜찮아 보인다. 긍정적으로 보면 8천을 벌 수 있다는 것이다.

양도소득세를 잘 모르시는 분들은 주택수가 많으면 양도세를 아주 많이 낸다고 생각한다. 꼭 그렇지 않다.

양도소득세는 인별 과세이다. 다시 말해 부부라 할지라도 부부가 각각 다르게 기본공제 250만원을 공제받을 수 있다.

부부 각자가 동일 년도에 각각 1채씩 팔면 결론적으로 2채를 매도하지만 양도소득세 계산 시 특별한 불리함은 없다.

너무 선입견으로 양도세를 대하지 않고 약간이라도 공부해 보고 투자를 할지 말지를 결정해도 늦지 않다.

잠시 나의 부동산 투자 전략을 얘기해 보면,

공시지가 1억 이상의 아파트를 2채까지만 사되 (취득세 중과로 인해) 거기서 투자를 멈추지는 않고 공시지가 1억 이하의 아파트를 매수한다.

종합부동산세(종부세)를 내지 않는 범위 안에서 매수한다.

이유는 간단하다.

취득세를 8%, 12% 내면서까지 투자하고 싶지는 않다.

그리고 되도록 장기로 보유하는데 그 이유는 한국 부동산은 장기 우상향의 확률이 높고 또 실물자산인 부동산은 인플레이션 방어가 가능하기 때문이다.

모든 부동산이 그런 건 아니라 잘 따져 보고 사야 한다.

취득세부터 얘기한 부동산 세금이 어느새 양도소득세까지 왔다. 한동안 부동산 세금 얘기는 생략하겠다. 골치 아프니까….

6.

4주택 매수의 방향과 지역분석 얘기
- 내 부동산 투자의 한 축 충남 아산

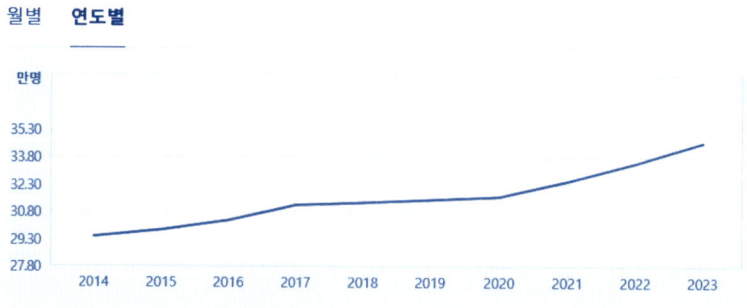

출처 KOSIS (행정안전부, 주민등록인구현황)

　위 그림은 충남 아산 인구 그래프이다. 지난 30년간 아산의 인구는 꾸준히 증가하고 있다. 물론 수도권 사람들은 알지 못하거나 특별히 관심을 가지지 않겠지만 사실이 그렇다.

부동산 투자를 하기 위해 지역 분석을 하고 임장을 다니다 지방도시 중 이만한 도시가 없다는 생각으로 발견한 도시이고 그만큼 투자를 하고 있다. 단순히 인구가 증가해서가 아니라 인구 증가도 그중 하나의 요소에 불과하다.

앞으로도 나의 투자는 이곳을 중심으로 계속될 확률이 높다.

전국 유일하게 대기업 3사가 다 있으며 이름만 들어도 아는 대기업들과 견실한 중소기업들이 아주 많이 입주해 있다.

위의 그래프에서 보이듯 지난 10년간, 아니 그전부터 단 한 번도 인구가 줄어든 적이 없다.

지방도시의 인구 소멸은 아산과는 거리가 먼 얘기다.

오히려 수도권보다 인구가 빠르게 늘고 있는 현실이다.

서울의 인구는 어떨까?

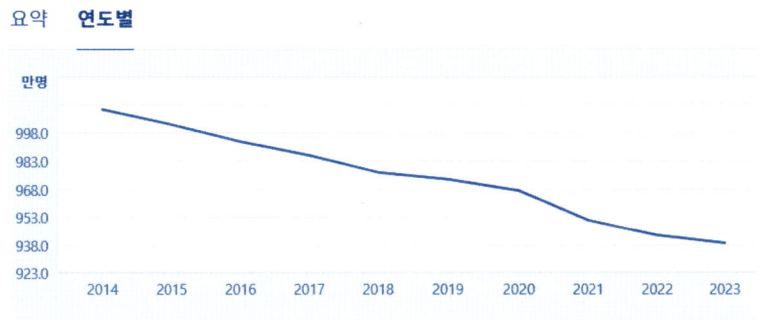

서울시 인구는 믿을지 모르지만 통계 자료가 잘못된 게 아니라면 계속 줄어들고 있다.

아산에는 젊은 세대가 많이 살고 있고 단순히 산다는 개념보단 정착하려는 움직임이 늘고 있다. 그만큼 인프라가 좋고 수도권 접근성이 좋다.

그래서 아산은 현재 어떤 도시보다 미래가 기대되는 도시 중 하나이다. 고속철도로 수도권 접근성이 좋은 천안아산역이 있고 1호선 전철도 이용 가능하다. 충남 아산은 꾸준히 발전할 것으로 보인다.

이 책에 계속 나오겠지만 난 아산에 투자를 많이 하고 있고 앞으로도 그럴 것 같다. 다른 이유도 많으나 위의 이유가 크다. 그리고 무엇보다 입지에 비해 가격이 저렴하다.

내 주관적인 생각이므로 맹신해서 투자하는 건 안 된다.

그래도 왜 그런지 한 번은 공부해 볼 만하다.

7.
4주택을 매수했다

위에서 너무 머리 아픈 부동산 세금 얘기만 했는데 이제는 내가 부동산 투자자의 길로 들어서는 얘기를 시작하려고 한다.

2020년 여름쯤이다. 충남 아산으로 투자를 결정한 나는 아산 매물을 찾던 중 마음에 드는 좋은 아파트를 하나 발견했다.

배방 자이 1차 아파트이다.

2000세대 가까운 대단지이고 중대형 평형으로 구성되어 있다.

탕정 신도시 맞은편이라 먼 훗날 분명히 그 영향을 받아 가격이 조금은 오를 듯했다. 그래서 어느 정도 마음속으로 결정을 내리고 부동산과 통화 후 방문을 했다.

도착하니 나 말고도 두 팀이 집을 보기 위해 기다리던 중이었다.

집을 보기 위해 같이 걸으면서 꼭 사야 하는데 하고 생각했다. 경쟁자가 있을 거라곤 상상도 못했다. 이 당시는 부동산이 상승하는 시기는 아니고 대체적으로 조용했다.

집을 보고 난 뒤 나머지 두 팀은 그냥 집으로 돌아갔다.

진짜 다행이라 속으로 쾌재를 불렀지만 표정은 살짝 굳어 있었다. 부동산 사장님은 내가 돌아가는 줄 알고 뒤도 돌아보지 않은 채 사무실로 갔다. 나는 살짝 뛰어 옆에서 계약할 거라 말했더니 깜짝 놀라는 눈치였다.

원래 내 투자 스타일은 전세 세입자가 살고 있는 집을 매수했는데 이 집은 월세 세입자가 살고 있었다. 나중에 알고 보니 집을 보여 준 부동산 사장님은 당사자가 아니었고 진짜 이 집은 다른 부동산 사장님의 매물이었다. 집을 보여 준 사장님이 얘기해서 구체적인 계약 조건은 전화로 계속 다른 사장님과 통화를 했다.

33평 매매가격 1억 7200만원에 현재는 월세 세입자가 있지만 이 세입자가 이사 가고 곧 전세 세입자가 들어올 예정인데 전세금액은 1억 6000만이라고 했다.

당장 필요 자금은 1200만(매매가격-전세가격)에 각종 세금(취등록세 4.4%~공시지가 1억 이상 3주택)과 부대비용(중개 수수료, 법무사 비용)이 필요했다.

이 당시에 취등록세 중과가 비규제지역 예전 4%(공시지가 1억 이상 3채부터)에서 8%로 바뀌는 법안이 통과되어 조금

혼란스러웠지만 다행히 소급 적용은 되지 않아 난 4%의 취득세를 내고 매수할 수 있었다. 취득세를 4% 내고도 사고 싶을 정도로 내겐 좋아 보이는 투자 매물이었다.

2007년에 분양된 후 단 한 번도 가격이 오른 적 없는 곳이지만 내 판단으로는 그만큼 오를 잠재성이 많다고 생각되었다.

대부분의 사람들은 더 떨어질까 사지 못한다. 이게 현실이다. 한 번도 오른 적 없는 곳은 안 오를까 못 사고 또 한 번이라도 오른 곳은 높은 가격에 살까 투자를 망설이게 돼서 대부분 고민만 하다가 끝나는 편이다.

계약 때 한 가지 해프닝이 있었는데 매도인(파는 분)이 계약금 입금할 계좌를 알려 주고 10분 후쯤 다시 안 판다고 연락을 했다. 물론, 그 당시에도 부동산 사장님은 외출 중이라 사무실에 혼자 덩그러니 앉아 있었다. 여느 때 같으면 계약을 하지 않고 진작 집에 돌아왔겠지만 이 당시엔 무조건 계약해야 한다는 생각에 버텼다. 지금은 버티길 잘했다는 생각이다. 당연히 계약 당시에 비해 가격이 올랐기에 말이다.

무슨 일이든 끝까지 해야 그 일의 성공과 실패를 알 수 있다고 생각한다. 투자도 그중 하나의 영역이라 생각한다.

그래서 난 모의투자라는 말을 별로 좋아하지 않는다.

그냥 모의투자라고 생각될 뿐 돈이 사용되지 않으면 현실적으로 감정의 동요도 적고 무엇보다 위험부담이 없기 때문에 좀 더 객관적으로 판단이 가능하다. 수억으로 실제 투자를 하는 것과 모의투자를 하는 것은 정말 다를 것이다.

 실제 투자를 하는 사람은 무엇보다 위험을 줄이기 위해 초점을 맞출 것이고 모의투자를 하는 사람은 수익에 초점을 맞추지 않을까 싶다. 모의투자를 하는 게 나쁘다는 건 아니고 대신 그 느낌은 많이 다르니 모의투자 수익률과 실제 투자 수익률이 비슷할 거란 생각은 하지 않는 게 좋다.

 결론적으로 4주택은 매도인(집 파는 사람)의 계약 철회 의사를 내가 소송까지 불사하겠다고 부동산 사장님에게 얘기하면서 겨우 일단락되었고, 나중에 계약 날 매도인은 내게 짧게 사과했고 계약은 순조롭게 진행되었다.

 이때부터 반드시 해야 하는 계약은 인내심을 가지고 쉽게 흥분하지 않고 또 좋아하는 내색도 하지 않았다. 나중에 돌아오는 차 안에서 살며시 웃었던 것 같다. 이제 4주택이 되었지만 내 생활이 달라졌다거나 하는 특이점은 없었다.

 주위 많은 분들이 주택이 많으면 세금을 많이 내는 거 아니냐고 물으시는데 실제 부동산 각각에 대한 재산세 외에는 특별히 더 내는 세금은 없다.

 부동산 세금은 크게 살 때, 가지고 있을 때, 팔 때 내는 세금이 있다. 살 때는 취득세, 등록세를 내고 가지고 있을 때, 다시 말해 그 부동산을 팔기 전까지는 재산세, 종합부동산세를 내고 팔 때는 양도소득세를 내게 되는데 현재 나는 살 때 취득세와 등록세를 냈고 아직 팔기 전이므로 양도소득세를 낼 필요는 없다. 그 양도소득세도 수익이 없다면 내지 않는다. 그러므로 팔기 전에 양도소득세를 미리 걱정할 이유는 없다.

설사 수익이 나서 양도세를 내더라도 얻은 수익 중 일부를 내면 되므로 심각하게 받아들일 이유는 없다.

부동산 투자를 시작도 하기 전에 세금을 언제 어떻게 얼마나 내는지도 모르면서 지레짐작으로 많을 거라고 판단하시는 분들이 생각보다 정말 많았다.

투자를 하고 안 하고는 본인의 자유지만 잘 모르고 안 하는 것은 나중에 이 사실을 알게 되었을 때 후회가 있을 수 있기에 적어도 한 번쯤 알고 결정하기를 바란다.

주변에 지인들 중 이런 분들이 있어 드리는 말이다.

* 종합 부동산세(종부세)

참고적으로 종합 부동산세는 대다수의 분들이 내지 않으나 혹시 몰라 간단히 정리하겠다. 재산세를 내는 건 말했고 종합 부동산세(일명 종부세)는 1가구 1주택자는 현행법상 공시지가 12억까지 내지 않아도 되고,

다주택자인 경우 9억까지 종부세를 안 내도 되는데, 이 경우 부부인 경우 공시지가의 합계가 각각 9억, 다시 말해 남편도 9억 부인도 9억까지 종부세를 납부하지 않게 된다.

종부세도 양도소득세처럼 인별(사람별) 과세이므로 부동산

투자를 할 때 공시지가의 합을 9억 안에서 부부가 각각 몰리지 않게 잘 나누는 게 효율적이다.

예를 들어 남편 소유의 주택의 공시지가의 합이 12억이고 부인 소유의 주택의 공시지가의 합이 6억이면 남편은 특별한 사정이 없는 한 종부세를 납부하게 된다. 종부세는 재산세처럼 납부고지서가 집이나 해당 주소로 날아오게 된다.

다른 예로 위의 예처럼 남편과 부인의 공시지가의 합이 모두 합쳐 18억인데 남편 소유 주택의 공시지가 합이 9억이고 부인 명의 공시지가의 합이 9억이면 남편도 부인도 종부세를 내지 않는다.

중요한 건 **종부세는 각 소유자의 공시지가의 합으로 계산되므로 위의 예처럼 한쪽으로 명의가 몰리지 않게 부부가 각각 9억씩 보유하면 절세를 할 수 있다.**

위의 얘기들이 처음 듣는 분들에게는 무척이나 생소할 수 있다. 나로서는 최대한 쉽게 설명한 건데 잘 이해가 안 되면 나중에 따로 공부하는 걸 추천한다.

4주택이 되면서 앞으로 고려하게 되는 재산세나 종부세에 대해 간단하게 설명했다.

한 가지 중요한 건 양도세는 파는(매도) 시점에 있는 세법에 적용되므로 사는 시점의 양도세는 정확하지 않다.

단지 예상만 할 뿐이다.

무슨 얘기냐면 2024년에 주택을 사서 아직 팔지 않았는데 또 수익이 확정되지 않았는데 양도세를 계산하는 건 어려운 일이다. 만약 2024년에 산 주택을 2028년에 판다면 2028년에 존재하는 양도소득세법의 적용을 받는다는 것이다.

그러니 **부동산 투자를 시작하기도 전에 각종 세금에 대해 크게 걱정할 필요는 없다고 생각된다.**

일단 주택을 살 때 내는 취득세가 얼마인지만 알면 큰 지장이 없다. 그러니 부동산 투자를 할 생각이 있다면 잘 분석해서 경험삼아 소액으로 하나 정도 해 보는 것도 좋다.

어쨌든 4주택자가 되고 얼마 후부터 나는 계속 주택을 매수하게 된다. 주변에서는 왜 이리 많이 사냐고 걱정도 많이 했다. **잘 아시다시피 은행 저금이나 은행 예금으로는 노후를 준비하긴 어렵다고 생각했다.**

그러다 보니 자연스럽게 부동산 투자로 눈이 가게 되었고 현재도 계속 하고 있는 듯하다. 투자 결과에 대해서는 아직 다 팔지 않아 뭐라 말하기 어렵지만 중간중간에 판 건 얘기하도록 하겠다.

이 책은 가급적이면 전문 용어를 피해 부동산 지식이 없는 분들도 읽을 수 있게 쓰려고 했다. 혹시 전문 지식이 있는 분들이 읽으실 때 살짝 표현이 어색할 수 있음을 미리 얘기한다.

예를 들어 살 때(매수할 때), 팔 때(매도할 때) 등등….

여태껏 기술한 나의 부동산 투자 물건 중 이를테면 상가 3채, 아파트 4채 중 판 건 하나도 없다.

나중에 언젠가 팔겠지만 현재까진 없었다.

4주택까지 사고 나니 가뜩이나 없던 돈이 이제 진짜 하나도 없게 되었다. 실제로 부동산 투자를 여기서 멈출 수도 있다는 생각이 있었다. 다 마찬가지겠으나 어떤 투자든 약간이라도 자금이 있어야 가능하니 돈이 없다면 투자는 현실적으로 힘들다.

그래서 나도 3개월 이상 부동산 투자에 대해 아무 생각 없이 지내고 있었다. 지금도 그렇지만 투자할 때 못 사서 안달 나거나 조급해하지는 않는다. 그런 심리 상태는 절대로 투자에 도움이 되질 않는다.

누가 좋다고 해서 잘 알아보지도 않고 따라 사거나 또 누가 나쁘다고 해서 투자할 것을 분석해 놓고 하지 않거나 하는 일들은 내 판단이 아니니 나중에 성공하거나 실패해도 내 판단이 없는 것들은 기분이 아주 좋거나 교훈이 되거나 하지는 못할 수 있다.

모든 투자에 있어 성공이라는 결과는 누구나 꿈꾸는 바로 그것이다. 성공이라는 한 단어를 이루기 위해 아주 사소한 노력부터 큰 노력까지 수없이 많은 것들을 반복하고 깨우치고 해야 한다.

그래서 나중엔 성공이라는 단어 자체보다 그동안 그걸 이루기 위해 해 온 과정을 더 소중히 여기게 된다. 물론 이것 또한 성공을 했으니 그 과정도 소중한 것일지 모른다.

실패했다면 스스로 위로하는 말 외엔 그 과정도 떠올리고 싶진 않다. 실패는 성공의 어머니라던가… 진짜 그럴까?

아무리 그렇다 할지라도 누구나 실패하고 싶지는 않을 것이다.

어떤 투자든 단순히 실패가 중요한 게 아니라 그 실패 뒤에는 엄청난 후폭풍이 따라올 수 있다. 이를테면 많은 정신적, 물질적 손해로 가족이 뿔뿔이 흩어지거나 우울증에 걸리거나 주변에 많은 사람을 잃거나 등등….

내가 짐작하기도 어려운 손해를 감당해야 하는 상황도 충분히 생길 수 있다. 그러기에 앞서 계속 얘기했지만 모든 투자는 어느 정도 스스로 공부하고 노력해서 해야 그 피해도 최소화할 수 있다고 생각한다.

처음 투자가 아무런 공부 없이 했는데 성공하면 경솔해지고 나중에 그보다 훨씬 큰 손해를 감당해야 하는 상황이 생기기 마련이다. 그 때는 대책도 세우기 전에 많은 손해를 두 눈 뜨고 지켜봐야 하는 수도 있다.

그러니 **어떤 투자를 하든 제발 공부를 하고 시작하자.**

공부가 하기 싫으면 투자를 하지 않는 것이 더 나을 수 있다.

우리는 자녀들에게 학교 가면 선생님 말씀 잘 듣고 공부 열심히 하라고 지겹도록 얘기한다. 왜 공부를 열심히 하라고 할까?

그래야 좋은 대학을 가고 대기업에 취직해서 행복한 인생을 꾸릴 수 있어서일 것이다.

그런데 정작 우리 어른들은 어떻게 살고 있는가?

매사에 대충 하는 경우도 많고 맡겨진 일도 핑계를 대며 미루거나 하지 않으려는 경우가 많이 있다.

가장 많이 범하는 실수 중 하나는 시간 약속을 지키지 않는 사람이 은근히 많다는 것이다.

예로 12시에 만나기로 약속했는데 12시 3분쯤 나타나서 아무 일 없이 반가움을 나타내는 경우다.

난 이런 부류의 사람들과 친하지 않다.

시간 약속을 지켜 주는 것이 약속의 상대방을 배려하는 첫 번째 단계이다. 적어도 난 첫 번째 단계를 실천하지 못하면 그 다음 단계는 진행 자체를 안 하는 경향이 있다.

내가 사람을 보는 건 그다지 까다롭지 않은데 약속한 행동이든 말이든 시간이든 잘 지키고 또 지키려고 노력하는 사람이 좋다.

난 차가 막혀서 늦었다는 말을 조금은 경멸한다.

막히는 걸 감안해서 출발하면 되는데….

더 이상은 말을 아끼고 싶다.

어차피 그런 사람과 친하게 지낼 일은 별로 없을 듯하다.

제 지인분들이 이 글을 보면 아마도 놀라실 듯한데….

적어도 이 책에서는 진실만을 쓰고 싶다. 얘기가 길어졌다.

시간 약속은 꼭 지키고 혹시 지키지 못한 약속에 대해서는 핑

계를 대지 말고 사과를 하거나 정중하게 미안함을 표현하자.**

가까운 사이일수록 더 잘 지키는 게 맞다. 그리고 이런 사고방식을 갖고 있는 사람이 진정한 성인이 아닐까 싶다.

나이가 많다고 모든 걸 자신에 맞게 합리화하는 사람은 미성숙한 사람이다. 이런 얘기를 여기에 쓰는 게 맞을지 모르지만 내가 주관하는 모임이나 다른 사람이 주관하는 모임에 난 늦는 법이 없다. 자랑을 하는 게 아니고 그게 당연하기 때문이다.

내가 모임을 주관해 보니 나오기로 약속하고 안 나오는 사람이 더러 있고 아무 얘기 없이 약속 시간에 늦는 사람은 더 많았다. 모임을 수년간 진행해 보니 제시간에 오는 분이 많지 않았다. 약속을 지키는 건 기본이니 아무 말 없이 늦거나 불참하는 걸 보고 뭐라 얘기하는 것도 다 큰 어른들에게 실례라고 느꼈다. 지금 얘기하는 건 단적인 예일 뿐이다.

성공에 대한 얘기를 다루는 유명인의 저서에서는 단 한 권도 빠짐없이 약속의 중요성을 다루고 있다.

그 약속의 경중을 따지지는 않는다.

감히 얘기한다. 지키지 못할 약속은 하지 말고 혹시 급한 사정이 생긴다면 바로 상대방에게 약속을 못 지키는 사유와 안타까움을 전하자. 그럴 자신이 없다면 약속을 정하지 않는 편이 상대방을 배려하는 것이다. 안 지켜도 되는 약속이란 건 세상에 없고 만일 그런 약속이 있다면 그 약속의 상대방을 이미 존중하지 않는 것이라 볼 수밖에 없다.

 아무리 사소한 약속이라도 꼭 지키자. 그것도 약속 시간에 늦지 않고 이왕이면 5분 전에 미리 가 있는 습관을 들이자.

 이런 얘기를 하게 돼서 안타깝지만 그냥 넘어가기엔 사소함이 아니라 중요함을 지나치는 것이라 생각되었다.

 약속을 지키는 건 기본 중 기본에 불과하다.

 우리 모두는 과연 기본이 되어 있는지 가끔 생각해 볼 필요가 있다. 기본이 없으면서 투자로 돈을 벌겠다는 건 과욕이다.

8.

5주택부터 8주택까지 하루에
(아산 배방 삼정 그린코아 아파트)

　어쨌든 난 이렇게 4주택을 매수하고 한동안 일상생활을 하고 있었다. 그러던 중 나중에 월세 받기에 좋아 보이는 소형 아파트 단지를 하나 발견했다.
　결론적으로 위 아파트 단지에 난 현재 9채를 보유하고 있다.
　사실 이렇게 많이 사려고 계획한 건 아닌데 계속 매수하게 되었다.
　그만큼 다른 지역에 임장을 다녀도 이만한 투자처가 보이질 않았다.
　전국 곳곳으로 임장을 다니던 나는 벌써 5년째 국내 부동산 시장을 언론이 아니라 그 지역 부동산 사장님들을 만나 현재 상황에 대해 자세히 듣고 궁금한 건 물어보며 상황을 직접 파악하는 편이다.

언제부턴가 투자를 시작하면서 내가 보고 듣고 느낀 것만 인정하는 습관이 생겼다. 물론 간접적으로 얻은 사실들도 참고는 하는데 최종적인 의사결정은 내가 보고 들은 사실에 거의 의존하는 편이다.

* 부동산 임장

애기가 나온 김에 부동산 임장에 대해 잠깐 얘기해 보겠다.

부동산 임장 시 아파트 단지 주위만 보다 끝나는 임장은 내 생각에 큰 의미는 없다. 적어도 그 단지 내 부동산에 들러 평소에 궁금했던 사실이나 근황 정도는 질문하는 게 좋다고 생각된다. 질문할 때도 단지의 세대 수, 평형의 종류. 연식 등 일반적으로 인터넷 검색으로 알 수 있는 것보단 다른 것들을 질문해 보자.

얼마 전(2024년 12월) **충남 논산**으로 임장을 다녀왔다.
2024년 12월 29일 충남 논산 매물 현황이다.

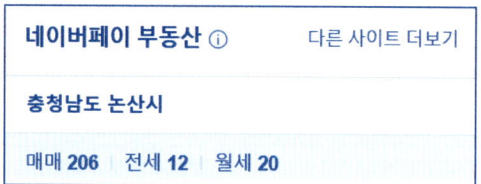

논산 인구는 약 11만이다.

가장 눈에 띄는 건 전세 12개, 월세 20개이다.(2024년 12

월 29일)

어느 단지라 말하긴 어렵지만 부동산 사장님은 벌써 2년째 전세 매물을 구경해 본 적이 없다고 한다.

논산에 과연 무슨 일이 있었던 것일까?

임장 가서는 적어도 이런 종류의 질문들을 하는 게 좋다.

단순한 질문들만 하기엔 그에 들어가는 시간, 경비 등이 만만치 않다. 답을 미리 알려드리면 재미가 없어서 결론을 생략하겠다. 한 번 잘 생각해 보면 좋겠다.

정답을 못 찾는다고 해도 그 과정에 배우는 게 많을 것이다.

논산의 한 아파트 단지이다.

출처: 호갱노노

논산의 위 아파트 단지는 2020년 이후 지금껏 계속 상승 중이다.

논산에 어떤 호재가 있어서일까?

대부분의 지역들은 2022년부터 어느 정도 하락을 하고 있는 중이다. 논산은 여기에 해당하지 않는다. 왜일까?

논산은 서울 강남은 아니다.

특별한 호재가 있기보단 이 사실엔 분명 이유가 있을 것이다. 이런 걸 알아보러 가는 임장이 되어야 한다.

어떻게 임장을 다녀야 이런 걸 알 수 있고 찾아낼 수 있는지?

그건 오랜 경험과 그에 따른 공부가 수반되어야 할 것이다.

내가 같이 임장 다니는 분들에게 항상 질문을 준비해 보라고 하지만 대다수의 분들이 기본적인 내용(연식, 세대 수, 평형, 매물 가격 등) 외에 질문 내용 준비를 힘들어한다.

임장 전 충분한 지역 분석을 하지 않아서이기도 하다.

처음부터 잘하는 사람은 극히 드물다.

계속 임장 다니고 노력하다 보면 어떤 걸 알고 싶을지 알게 된다. 임장에 대해서는 중간중간 얘기하겠다.

5주택 매수는 2020년 12월로 기억한다.

이제 공시지가 1억 이상의 주택들이 많아 취득세 중과로 인해 공시지가 1억 이상의 주택을 사면 12%의 취득세를 납부하게 된다. 비규제지역의 공시지가 1억 이상의 주택이 3채가 있어 다음에 매수하는 공시지가 1억 이상의 주택부터는 이 당시 바뀐 세법에 의해 취득세를 12% 내야 한다.

실로 그 부담이 크다.

그래서 이때부터는 주로 공시지가 1억 이하의 주택들만 매수하려고 했었다. 모든 주택의 취득세가 같다면 아마 공시지가 1억 이상의 주택을 더 매수했을지 모른다.

5주택부터 8주택은 잔금일자는 달랐으나 하루에 다 계약을 했다. 4채를 매수하는데 사용한 **투자금은** 세금과 부대비용 제외하면 **800만원이 전부**였다.

5주택부터 8주택을 매수한 단지는 충남 아산 배방에 소재한 배방 삼정 그린코아다. 16평과 19평으로만 구성된 이 단지는 총 2156세대가 있는 대단지이다. 16평이 1804세대나 된다.

이 단지는 1호선 전철역인 배방역까지 도보로 15분 정도면 가능하고 주위에 학교나 마트 등 입지가 좋다.

그리고 KTX나 SRT가 지나는 천안아산역까지 차로 10분이면 갈 수 있다.

내가 이 단지를 좋게 본 건 주차장과 단지 바로 뒤에 있는 복합 커뮤니티 센터였다. 소형 아파트 단지들은 대부분 주차 지옥이다. 그렇지만 이 단지는 지상, 지하, 타워 주차장까지 있어 밤늦게도 편하게 주차가 가능하다.

작지만 단지 바로 뒤에 공원이 있으며 얼마 전 복컴(복합 커뮤니티 센터)이 완공되었다. 이 복컴에는 도서관과 수영장이 있다.

혼자 살거나 2~3인 가족이 살기에는 좋은 환경이다. 2012년 준공된 단지로 아직은 노후화가 많이 진행되지는 않았다. 도배, 장판 정도만 교체하면 대부분 특별한 수리가 필요 없다.

이런 장점들로 인해 다수의 주택들을 매수하게 되었다.

전국으로 임장 다니다 보면 상대적으로 비교가 되는 곳들이 눈에 보인다. 같은 소형 아파트라 할지라도 입지, 관리 상태, 주차장, 연식에 따라 가격은 천차만별이다.

솔직히 말하면 이 가격에 이만큼 좋은 아파트를 아직 발견하지 못했다.

여기서 이 단지의 가장 큰 장점은 이 주위에 삼성과 같은 대기업과 중소기업들이 많아 전세나 월세의 회전율이 좋고 젊은 세대원들이 회사의 출퇴근을 위해 많이 거주한다는 것이다.

분명히 알아 두어야 할 것은 이 책에서는 내 생각을 가감 없이 솔직히 표현하고자 한다. 단지 이런 표현들이 자칫 투자를 부추긴다는 우려를 낳을까 걱정되나 부동산 투자는 주식과 달리 누군가의 말을 듣고 매수하기는 쉽지 않은 선택이므로 크게 걱정하지 않으려 한다.

게다가 수도권이 아닌 지방의 아파트라 더더욱 그렇다.

어쨌든 지금껏 부동산 투자를 하면서 한 단지 안에 9채의 아파트를 산 건 처음이다. 앞으로도 더 살 수 있지만 미래 일은 아직 알 수 없으므로 이만 하겠다.

2020년 12월 어느 날 4주택이던 나는 갑자기 8주택이 되었다.

공시지가 1억 이하의 아파트라 취득세는 1%였다.

이 시점에 들었던 내 생각은 월급으로는 행복한 노후를 준비하기 어려워 어떤 투자든 하는 게 옳다고 생각했다.

내가 과거로부터 보아 왔던 부동산은 작은 변동은 있으나 꾸준히 오르는 그런 자산이었다. 그렇지만 부동산 투자는 막대한 자금이 들어 시도도 못 하고 부러워만 했던 것 같다.

이제는 적은 돈으로 부동산 투자를 하는 어느 정도의 방법을 배운 듯하다. 내가 원하던 시기에 팔아 많은 수익을 내는 게 목표인데 매수시기보다 매도시기를 결정하는 게 가장 어렵다.

가격이라는 건 지나고 나서야 그때가 싼지 비싼지를 얘기할 수 있다. 투자를 하지 않거나 잘 모르시는 분들이 가끔 이런 얘기를 한다. 그때 많이 올랐는데 왜 팔지 않았어?

근데 이런 질문을 받으면 인정하기 싫지만 무능함을 느끼게 된다. 투자자가 이런 순간을 빠르게 알 수 있다면 진짜 좋을 듯한데….

아직도 공부해야 할 것도 많고 생각해야 할 부분도 많다.

끝까지 모르고 지나칠 수도 있지만 오랜 시간 겪다 보면 나중에 어느 정도까지는 알 수 있을 것 같다.

사는 것보단 파는 게 정말 어렵다. 가격이 오를 땐 더 오를까 싶어 못 팔고 가격이 떨어질 땐 더 떨어질까 사람들이 안 산다. 나중에 후회가 되더라도 어느 정도의 수익률을 정해 놓고 그 수익률에 도달하면 즉시 파는 게 어쩌면 좋을 수 있다.

누구나 다 최소한의 비용으로 최대의 효과를 보려고 하나 결론은 쉽지 않다는 것이다.

이때부터 본격적으로 부동산 투자에 몰입하고 공부하고 지속적으로 노력했다. 그 노력이란 건 하루에 몇 시간으로 규정지을 수 없는 것이다. 순간순간 궁금증이 생길 때마다 알려고 노력하고 도움 되는 수업들도 많이 들었던 것 같다.

특히 부동산 세법은 거의 매년 개정되던 때여서 매년 강의를 들었던 것 같다. 매년 확인하지 않으면 결정적인 순간에 길을 잃고 헤맬 수 있기에 어떤 일과보다 중요시 여겼다.

부동산 투자를 하면서 주변 분들이 가장 많이 묻는 질문도 역시 부동산 세법에 관한 것들이 많았다.

물론 질문 자체는 너무 형식적이었다.

부동산을 많이 보유하면 세금을 많이 내지 않아요?

당연히 가지고 있는 만큼 많이 냅니다.

이 질문을 잘 해석하면 아파트가 1채 있을 때보다 5채, 10채 이렇게 많이 보유하면 몇 배씩 낸다고 생각하는 사람들이 많은 듯하다. 그 정도는 아니라고 얘기해 주는 게 내 대답이었다.

더 많은 걸 설명하면 이해하기도 어려울 것 같고 가끔은 들으려 하지도 않는다. 대부분의 사람들은 아파트나 부동산을 많이 보유하려 하지 않기 때문이다.

참고적으로 한국의 유주택자 비율은 약 56%라고 한다.
유주택자 중 1주택 혹은 2주택을 보유한 가구의 합은 일반적으로 90% 이상을 차지하고 있다. 이 사실만 보더라도 3주택 이상의 다주택자들은 얼마 안 된다는 사실을 알 수 있다.
하지만 매매가격이 오르거나 전세가격이 오르거나 하면 상당히 많은 다주택자들로 인해 생긴 현상이라고 대다수의 사람들이 얘기한다. 과연 그럴까?
어느 정도 영향은 있겠으나 소수의 다주택자들만으론 가격의 폭등을 얘기하긴 정황상 어렵다고 보인다.
부동산 가격은 정치적 원인, 경제적 원인, 무주택자, 유주택자, 다주택자들 모두 영향을 주고받아야 오르고 내리고를 할 수 있다.
어느 한쪽으로 원인을 생각하기엔 그다지 쉽지 않다.
솔직하게 말해 이제부터는 내가 매수한 아파트들 다수가 조금이라도 가격이 올랐으면 한다. 이 당시에도 난 더 이상 아파트를 투자로 더 살 거라곤 생각지 않았다. 이미 8채나 샀고 돈도 더는 없었기 때문이다.

9.

9주택, 10주택을 산 곳
충남 서산

    2021년 봄이라 기억된다. 전국 거의 모든 지역에서 주택 가격이 급등하고 있었다. 정부의 수십 번에 걸친 부동산 규제책도 가격 급등을 막기엔 역부족이었다.

  이 기회에 서울, 경기 즉 수도권에 아파트 1채 정도 사면 어떨까 살펴보던 중 경기 여주시가 눈에 들어왔다.

  눈여겨보던 아파트 단지 부동산에 전화를 걸어 매수 의사를 전달했는데 5분 전에 다른 분이 계약금을 입금했다고 했다.

  지금 이런 얘기를 하면 아무도 믿지 않겠지만 2021년 부동산 가격 상승기에는 이런 일이 놀랍지도 않은 상황이었다.

  적어도 그 당시엔 뭘 사더라도 꼭 오를 듯한 분위기였고 또 사자마자 가격이 오르는 게 눈에 보였다.

  부동산이란 자산이 나중에 엄청난 부를 가져다 줄 것 같은 그런 분위기였다. 그래서 평소에 관심 없는 사람들도 부동산 투자에 열을 올리고 이곳저곳으로 임장을 다니고 또 여러 부동산 정보들을 접하기 위해 각종 네이버 카페나 지역 커뮤니티를 통해 정보를 모으는 데 집중했다.

뉴스에서는 수십 명이 아파트를 사기 위해 관광버스를 타고 전국 각 지역을 돌아다닌다는 얘기도 많이 나왔다.

그래서인지 모든 지역에 가격이 거의 더 오르던 시기였고 이때는 전문가보단 돈 있는 사람들이 더 전문가처럼 보이던 때이기도 하다.

난 경기도 여주에 소재한 아파트를 놓치고 다른 곳을 지켜보던 중 뜻밖의 지역이 눈에 들어왔다.

충남 서산이다. 솔직히 단 한 번도 가 본 적 없고 서산에 사는 친구나 지인도 없다.

참고로 난 여태껏 아니 지금까지도 부동산 투자를 하기 전 그 지역에 임장을 갔다 오거나 과거에 그 지역에 살아서 투자를 한 적은 없다. 항상 모든 검색을 핸드폰으로 하고 매수 결정을 했다. 아파트 내부는 계약 전 사진을 보거나 계약 당일 날 보던 게 처음이었다. 지금도 계약하는 방법은 비슷하다.

대부분의 사람들은 미리 알아보고 가서 집 내부도 보고 그러고도 며칠을 고민하고도 살까 말까를 망설이게 되는 투자가 부동산 투자이다.

내가 하는 아파트 투자 방법은 일반 사람들이 집 사는 방법과 조금은 다르지만 이 책에서 내 투자 방법이 옳다고 얘기하는 건 아니라고 얘기하고 싶다.

사람마다 저마다의 방법으로 투자를 하면 되는 것이지 반드시 이런 방법이 좋다고 감히 얘기할 수는 없을 것 같다.

대신 적은 돈으로 큰 수익을 내는 투자 방법이면 그게 어떤 방법이든 상관없다.

얘기가 잠깐 다른 길로….

본격적으로 서산에 대해 얘기해 보겠다. 서산시의 인구는 약 17만에 이르고 주민들 대다수는 높은 연봉을 받는 대기업에서 일하고 있다. 그래서 생활수준이 높다.

현재 서산에 인기 높은 지역은 예천동이다. 인프라가 좋으며 신축 아파트들이 여러 단지가 있다. 학군은 도시에 비해 좋다고 말하긴 어렵다

내가 서산을 부동산 투자로 눈여겨보고 있을 때 예천동은 이미 오르고 있던 터라 다른 동네를 보고 있었고 그 동네는 다른 어떤 투자자들도 쉽게 투자하기 어려운 그런 곳이었다.

심지어 내게 어쩌다 그런 곳에 투자했는지 믿을 수 없다며 실수가 아니었냐고 물어보는 사람도 더러 있었다.

이제 와서 얘기할 수 있는 건 난 그 단지에 시간을 두고 4채를 매수했고 현재 2채만 보유 중이다. 2채는 2023년도에 매도했으며 그 결과는 잠시 뒤 얘기하겠다.

역시나 서산에 투자하기 전 서산을 한 번도 가 본 적이 없었고 첫 계약 당시 이미 계약금을 입금 후 부동산에 계약하러 갔었다. 다시 말하면 계약금을 넣고 나서 그 곳에 처음 방문했으며 집 내부도 볼 수 있었다.

내가 투자한 곳은 서산 죽성동에 위치한 삼성 아파트로 약 1000세대로 구성되어 있는 나름 대단지 아파트이다.

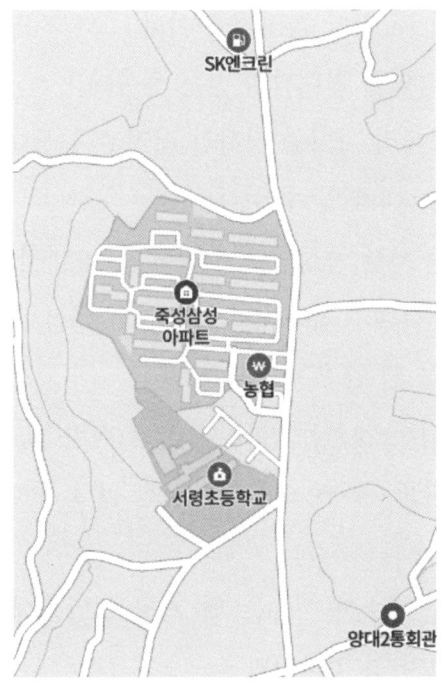

대체로 입지는 좋지 않았고 그나마 다행인 것은 단지 바로 옆에 초등학교가 있다는 것이다.

지도상에서 보면 알겠지만 아파트 단지 옆 초등학교 외에는 그 어떤 인프라도 찾기 어렵다. 실제 방문해 봐도 생각했던 그대로를 보게 된다. 예전에 같이 임장 갔던 분들이 이 단지에 도착하면 대부분 아무 말도 하지 않았다.

통상적으로 아파트 투자는 입지가 아주 중요한데 그도 그럴 것이 입지라고 판단되는 게 보이질 않아 초등학교가 있어 다행이라는 말만 되풀이했던 것 같다.

난 브리핑할 때 항상 정직한 편이다. 그렇지만 동행하는 사람들은 어떤 막연한 기대감이 있는 듯하다.

아파트의 절대적 가치를 정하긴 어려우나 상대적으로 더 비싸고 더 싸고는 대략 알 수 있다.

내가 매수한 서산 죽성동에 위치한 삼성 아파트는 30평 매매가격이 현재 1억에 불과하다. 그것도 2021년 여름 내가 이곳을 처음 샀을 땐 약 8천에 불과했다.

이미 서산 다른 지역은 거의 다 오른 터라 고민하다가 많이 오르지 않더라도 가격이 더 하락하진 않을 듯해서 매수하게 되었다.

위 아파트를 매수한 이유는 몇 가지가 있는데 나의 주관적 견해이니 참고만 하기 바란다.

일단 **초등학교가 단지 바로 앞에 있었고 전세 매물이 거의 없었다.** 물론 월세 매물도 적었다.

전세 세입자가 들어 있는 아파트를 매수하는 나로서는 좋은 조건이었다. 이 당시 위 단지는 아파트가 지어진 이후 가장 낮은 가격에 거래되고 있었다.

게다가 전세 가격과 매매 가격의 차이가 거의 없었다.

실제로 난 2021년 여름 위 아파트를 처음 매수할 때 매매 가격과 전세 가격이 8000만원으로 같았다.

부동산 투자 용어로는 전세 가격과 매매 가격이 같은 걸 무갭이라 한다. 그래서 난 취등록세, 법무사 및 등기비용, 중개 수수료를 포함 200만원이 채 들지 않았던 걸로 기억한다.

나의 부동산 투자 논리는 간단하다. 현재 한국은 주택 한 채만 대출이 나오고 특별한 경우가 아니면 다른 주택의 대출은 불가능하다. 그래서 다주택자들은 돈이 많은 사람을 제외하면 전세 세입자가 살고 있는 집을 살 수밖에 없다.

그래야 자금을 줄일 수 있고 나중에 수익률도 더 높아진다.

예를 들어 매매 가격 1억인 아파트를 대출 없이 1억 전부를 현금으로 주고 샀다고 가정해 보면 이 아파트가 가격이 올라 2억이 되면 1억을 투자해서 1억을 벌었으니 부대비용이나 세금을 제외하고 계산해 보면 수익률이 100%이다.

다른 예로 똑같이 1억인 아파트를 매수하는데 전세 세입자가 9000만원으로 전세를 살고 있으면 난 1000만원으로 이 집을 살 수가 있다. 그래서 이 위의 예처럼 이 집이 2억이 되면 1000만원 투자로 1억을 벌었으니 투자 수익률은 1000%

가 된다.

똑같은 집을 사서 똑같은 가격에 팔았지만 수익률은 무려 10배나 차이가 난다.

물론 각종 세금이나 기타 부대비용을 계산하면 조금 달라질 수는 있으나 기존 계산한 거에 비해 큰 차이가 있는 건 아니다.

이런 부동산 투자에도 당연히 위험은 있다.

아니 어떤 투자든 위험은 반드시 존재한다고 생각한다.

엄밀히 말하면 그 위험이 수익을 준다는 것이다.

보통 사람들은 투자를 하면서 아무런 위험 없이 큰 수익을 얻고 싶어 한다. 이런 투자는 큰 수익을 주진 않는다.

High risk, High return.

고위험 고수익…

위험이 높을수록 수익도 높다.

안전한 투자를 원한다면 예금자 보호법에 의해 보호되는 정기예금에 넣어 두면 될 것이다. 하지만 사람들은 언제나 단기간에 고수익을 추구하길 원하기에 주식, 코인 등과 같은 투자를 대부분 하고 있다. 금액의 차이는 있지만 내 주위에도 여러 분들이 하고 있다. 결과는???

정도의 차이는 있을 테지만 큰 수익을 봐서 괜찮았다는 얘기는 어쩌다 한두 번이고 대부분은 그냥 그렇다는 말만 들었다.

대부분 월급을 받아 아껴 쓰고 절약해서 투자를 할 것이다. 그런데 그 돈들은 주식이나 코인이나 다른 투자들로 다 흩어져 없어지는 경우가 다반사일 것이다.

이런 투자를 하는 걸 반대하거나 부동산 투자가 가장 좋다는 얘기를 하는 건 절대 아니니 오해 없길 바란다.

내가 진짜로 말하고 싶은 건 **어떤 투자라도 완벽히 준비가 된 다음 신중하게 결정하는 건 어떨까?**

먼저 공부를 하고 그 투자에 대해 어느 정도 이해를 하고 투자를 하길 추천한다. 가까운 지인들의 추천을 아무런 여과 없이 투자로 연결시키고 결과가 좋지 않아 끙끙 앓는 경우가 많다.

잘못하면 돈도 잃고 사람도 잃고 자신감도 잃는 경우가 많다.

제발 공부하고 알아보고 신중하게 결정해서 투자해야 그나마 후회가 적고 대부분 손실도 적다. 꼭 기억하자.

투자의 세계는 어느 종류든 간에 치열하다.

아무런 노력 없이 수익이 나고 쉽게 접근할 수 있는 투자는 일시적일 뿐 오래가지 못하거나 사기인 경우가 많다.

우리는 아이들에게 열심히 공부하고 노력해야 좋은 대학을 가고 멋진 삶을 살 수 있다고 입버릇처럼 얘기한다.

정작 우리는 이런 얘기들을 지키며 사는가???

노력 없이 심지어는 귀동냥으로 수익을 얻기 위해 노력하며 심지어는 갈구하고 있지 않은가?

노력해도 안 된다는 것은 노력을 해 보고 얘기할 수 있는 것이다. 난 이 책에서만큼은 듣기 좋은 말로 여러분들에게 희망 고문을 하고 싶지는 않다.

이 책을 읽을 때 조금 열받고 서운할 수도 있겠지만 가까운 미래에는 어떤 투자를 하더라도 수익이 나는 삶을 살기를 진심으로 바란다.

투자를 해서 다 수익을 얻으면 좋으나 어차피 제로섬(Zero-sum) 게임이라 수익을 보는 사람들이 있고 손해를 보는 사람들도 반드시 있게 마련이다.

평생 손해는 안 보고 수익만 보고 싶겠지만 그런 경우는 확률상 희박하다. 대신 수익은 많이 보고 손해는 조금만 볼 수 있도록 공부하고 노력해야 한다. 얘기가 길어졌다.

서산 아파트를 무갭(매매 8000만, 전세 8000만)에 매수한 나는 이 집을 2023년 가을쯤 팔았다. 2021년 여름쯤 샀으니 약 2년 후쯤 팔게 된 것이다. 매도가격(판 가격)은 9800만원이다.

8000만원에 사서 2년 후 9800만원에 팔았다.

일반적으로 사람들은 수익은 얼마 안 되네라고 얘기한다.

8000만원 투자해서 1800만원 차익을 남겼다고 생각하고 또 양도세나 기타비용을 생각하면 이런 투자를 왜 할까 얘기한다.

이 자리에서 분명히 얘기하면 각종 세금 부대비용을 합쳐서 200만원 투자해서 이 아파트를 샀고 2년 이상을 보유했으므로 양도세는 거의 내지 않았다. 결론은 이렇다.

200만원 투자해서 거의 1700만원 넘게 수익이 남았다.

2년 만에 8배 남는 투자를 한 것이다.
수익률로 계산해 보면 연 400%라고 얘기할 수도 있다.
더 쉽게 얘기하면 은행에 정기예금으로 1억을 넣으면 1년 후 내가 받는 이자 금액은 4억이 된다는 논리다.

주식 얘기를 잠깐 해 보면 하루만에도 아니 잠깐 사이에도 최대 30%까지(국내 증시 기준) 수익을 얻을 수 있다. 매일매일 이런 수익률이 보장된다면 주식 투자를 추천하는 게 맞다.
그리고 반드시 해야 한다.
하지만 주식 투자자 중 과연 몇 %나 이런 수익을 달성할 수 있을까? 전국 모든 주식 투자자분들을 다 알진 못하나 매일매일 30%의 수익을 올리는 투자자는 극소수다.
만일 주식 투자로 고수익을 가져가는 분이 계신다면 너무 존경스럽고 인정해 드린다고 말씀드리고 싶다. 외람되지만 그런 분들이 주식 투자로 얻는 고수익 투자법에 매료될 듯하고 책이 나온다면 꼭 사서 읽어 보고 싶다.
그만큼 난 어렵다고 생각한다. 그 이유는 현재 나도 주식 투자를 하고 있고 앞으로도 계속 할 예정이지만 쉽지 않다는 걸 느끼고 있다.
물론 코스피나 코스닥에 한정된 얘기다.
미국 주식이나 다른 나라 주식 그리고 해외펀드나 다른 얘기들은 잘 알지 못해 언급하지 않겠다.

어떤 투자든 각 분야의 최고들은 있을 거라 짐작한다.

이 책에서 언급하는 건 보통의 일반 서민 투자자라고 생각하면 될 듯하다. 혹시 주식이나 코인 투자에 관해 좋은 투자 방법이 있다면 꼭 책으로 출판해 주신다면 대단히 감사하겠다.

난 서산 아파트 투자로 위에서 보신 대로 연 400%의 높은 수익을 얻었다.

그것도 서울 강남에 있는 아파트 투자가 아닌 지방 아파트 투자로 거둔 수익이다. **서울 아파트 투자는 내가 보기엔 수익금은 많을 수 있으나 수익률은 대체로 낮다.**

그보다 더 안타까운 건 돈이 없는 사람은 서울 수도권 투자가 불가능하다.

200만원으로 살 수 있는 수도권 아파트???

없진 않겠지만 찾기가 쉽진 않을 것이다.

그리고 서울 아파트는 공시지가도 높아 자칫 잘못하면 종부세에 노출될 수도 있다. 지금껏 읽다 보면 지방 아파트가 서울 아파트보다 좋다고 읽을 수도 있다는 생각에 그건 아니라고 말하고 싶다.

당연히 서울 아파트가 좋고 오를 확률도 더 높지만 돈이 지방 아파트보다 많이 들고 혹시라도 부동산 경기가 좋지 않아 가격이 계속 정체되어 있다면 막대한 자금이 묶일 수 있다는 것을 간과해서는 안 된다.

난 소액으로 지방 아파트 투자를 하고 있다.

진짜 나쁜 입지의 아파트를 사서 수익을 올릴 수 있는 타이밍과 지식, 그간의 데이터를 통한 확신이 이 투자를 좌우한다.

주변에서 서산 아파트를 사고 나서 내게 가장 많이 물어보는 질문은 어떤 호재가 있냐는 것이다.

사실 호재는 없었다. 부동산 투자하는 사람들이 부동산 투자에 있어 호재를 중시하고 특히 서울 수도권에 투자할 때는 역세권, 학군, 도로, 백화점 등 인프라를 중시 여긴다.

지방 아파트 투자가 위험하다고 생각하는 분들의 대다수는 인구 소멸을 얘기하고 있지만 실제로 어느 지역에 얼마만큼 왜 인구가 줄어드는지에는 관심이 없다.

언론에서 그렇다고 하니 그런 줄 이해하는 것 같다.

그러니 더더욱 지방 투자에 대해 소극적이고 또 부동산 투자에 있어 거의 고려하지 않는다. 그래서 목돈이 들어가는 서울 수도권 투자만 생각하는데 돈이 없어서 못 하고 주식, 코인 투자를 해서 돈을 잃거나 아예 투자를 생각지 않고 근근이 저금을 하면서 살게 된다. 난 이 책에서 이렇게 얘기를 하고 싶다.

지방 투자가 좋아서라기 보단 지방 아파트 투자로도 충분히 수익을 낼 수 있고 그 수익을 모아서 서울 수도권 부동산 투자로 연결 가능한 방법이 있다고 말씀드리고 싶다.

한때 언론에서 주거 사다리라는 말을 자주 쓰곤 했다.

주거 사다리를 통해 좀 더 나은 상급지로 이동 가능할 수 있다는 것이다. 주거 사다리는 누구에게나 사다리로서 역할을 가능케 하는가? 꼭 그렇진 않다.

사다리는 올라가서 첫 발을 내딛을 때 비로소 올라갈 수 있다. 올라가기를 포기한 사람이나 올라갈 수 없는 사람은 주거 사다리가 여러 개 주어진다고 해도 아무 소용이 없다.

이쯤에서 우리는 주거 사다리를 스스로 포기하거나 걷어차고 있는 게 아닐까 생각해 본다.

여기까지 내 책을 읽으신 분이라면 나의 부동산 투자가 절대 큰돈으로 투자한 게 아니라는 걸 알 수 있을 것이다.

결론적으로 누구나 다 가능하다는 것이다. 이쯤 되면 이런 투자를 하려면 어떤 준비가 필요한지 궁금해질 수 있다.

투자를 위해 준비한 과정에 정답은 없으나 몇 가지를 얘기해 볼 수 있겠다.

난 지난 2001년~2002년 감정평가사 공부를 하였다. 물론 여러 가지 사정이 있긴 했으나 합격하지 못했다. 솔직히 감정평가사 공부한 내용이 아까워 2003년에 공인중개사 시험을 보고 합격했다.

내 나이 30세에 있었던 일이다. 그 나이에 부동산에 관한 기본 지식은 있었다는 얘기고 그렇지만 본격적인 투자는 공인중개사 합격 후 10년 정도 지난 시점으로 상가를 매수했던

2014년이라고 보는 게 맞을 것이다. 늘 언제나 부동산 투자에 관심이 있었고 공부를 게을리하지 않았다.

별다른 지식 없이 부동산 투자로 성공하고 부자로 사는 사람도 더러 있겠지만 난 불안해서 내 투자 방법을 운에 맡기고 싶지 않았고 현재도 열심히 공부하고 분석해서 투자하려고 노력한다.

지금은 에듀윌 부동산 아카데미(서울 노량진)에서 투자 강의도 하지만 시간이 허락되면 다른 분들의 강의도 열심히 듣는다. 시시각각 변하는 상황에 적응하기 위해 매일매일 노력하는 편이다.

그렇다고 모든 걸 다 알고 투자를 하지는 않는다.

모든 걸 알고 투자하는 건 어떤 영역에서도 불가능할 것이다. 사실 많이 알면 알수록 투자가 더 힘들어질 수도 있다.

눈에 보이는 요소도 많아지게 되고 더 망설여지는 내용도 많아진다. 그럴 때는 그 망설임을 뚫을 수 있는 결단력과 긍정적 사고가 필요해진다. 망설임과 결단력은 사람마다 다르므로 어떤 명확한 기준은 없다.

대신 미래를 알 수 없으므로 결과에 대한 책임을 감당할 수 있느냐가 또 다른 판단과 결정의 기준이 된다. 감당할 자신이 없다면 당분간 결정을 미루고 상황을 관망하는 것도 좋다.

부동산 투자에 있어 분석도 좋고 예측도 좋고 긍정도 좋지만 가장 중요한 건 내가 과연 내가 그 투자를 감당할 수 있을

까를 먼저 살펴봐야 한다. 감당할 수 있는지는 오로지 내가 판단해야 한다. 주위 의견은 별로 중요치 않다.

나중에 감당을 못 하게 되면 하락할 때 이성을 잃고 무너져서 원치 않는 가격에 팔게 될 수도 있으니 말이다. 부동산 경기가 하락할 때 더 하락한다는 생각이 계속 들고 그러다 보면 원치 않는 낮은 가격에 팔고 나중에 후회하게 된다.

감당과 결단이라는 부분에 대하여는 함부로 말할 수 없으므로 여기까지만 얘기하고 넘어가겠다.

서산 죽성동 삼성 아파트는 2021년 당시에 사서 2023년에 2채를 팔았다.

한 채는 30평을 8000만원에 사서 9800만원에 팔아 연 400% 이상의 수익을 올렸고 다른 한 채는 39평인데 1억에 사서 1억 2500만원에 팔았다. **39평은 전세 세입자가** 9000만원에 살고 있었는데 2년 후인 2023년에 1억 2500만원에 세입자가 **직접 매수했다.**

39평은 전세 세입자분이 사고 싶어 했고 처음엔 거절했으나 그 집에서 꼭 살고 싶다고 해서 팔았다.

서산 죽성동 삼성 아파트의 매수, 매도 내용은 아래와 같다.

	매수가격	매도가격	전세가격	투자금	수익률(연)
30평	8000만	9800만	8000만	0	400%
39평	1억	1억 2500만	9000만	1000만	100%

위 수익률은 모든 부대비용을 다 고려해서 계산한 것이다. 수익률은 1년 기준으로, 다시 말해 연 수익률이다.

비교 대상은 아니지만 수익률 기준으로 서울 강남구 아파트와 비교해 보면 이런 얘기를 할 수 있다.

예를 들어 반포 자이 아파트 35평형을 그 당시 2021년 여름에 매수해서 2023년 가을쯤 매도했다면 얼마나 수익이 났을까?

2021년 반포 자이 매매가는 층에 따라 좀 다르지만 약 33억 정도로 보인다. 이때 전세 시세는 약 18억이고 필요 자금은 세금과 부대비용을 제외하면 약 15억이다.

2023년 가을 반포 자이 35평 매매 가격은 과연 얼마일까?

2021년 가격인 33억과 비슷하다. **믿기지 않겠지만 2021년 당시 15억을 가지고 반포 자이 35평에 투자했다면 수익은 거의 없다고 봐도 무방하다.** 대다수 분들이 이상하게 볼 수 있지만 정확히 사실이다.

충남 서산에 나홀로 아파트인 죽성동 삼성 아파트와 서울 강남에 인지도 있는 반포 자이 아파트를 비교해서 수익에 대해 비교해 보았다.

투자는 예상과 다를 수 있고 내 생각처럼 되지 않는 경우가 훨씬 더 많다.

그렇다면 2021년에 누군가가 반포 자이를 사지 말고 서산

나홀로 아파트를 사라고 했다면 과연 어떤 반응을 보였을까?
적어도 제정신이 아닌 사람으로 취급받을 수 있다.
서울 강남 아파트가 좋지 않아서 안 오른 것인가?
단연코 그건 아닐 거다.
그럼 충남 서산 나홀로 아파트가 서울 강남 반포 자이 아파트보다 수익률이 월등히 좋았던 이유는 무엇인가?

이 해답을 알면 전국을 구분해서 그 어떤 시기에 투자를 해도 높은 수익을 얻을 수 있다. 오해하지 말아야 할 것은 서울 강남 반포 자이 아파트가 안 좋다고 얘기하는 것은 절대 아니라는 것이다.

어떤 시기에 어떤 곳에 사서 얼마나 보유하느냐에 따라 결과는 달라질 수 있다는 것이다.

항상 서울 강남이 좋고 지방은 좋지 않다는 건 고정관념이라고 이 책에서 밝혀 둔다. 위 서산 투자 사례에서 보듯 지방 부동산도 시기를 잘 맞춰서 투자하고 매도하면 높은 수익을 얻을 수 있다.

미래에는 어떨지 모르나 현재까지는 그렇다.

앞에서도 얘기했지만 분석 없이 예측만 가지고 상대를 비방하거나 아닐 거라는 판단은 투자에 있어 아무런 도움도 되지 않는다. 부동산 투자로 수익을 얻고 싶다면 자신의 지식 없는 예측으로 타인의 생각을 비방하지 말고 새로운 사실을 받아들이길 부탁한다. 그리고 부족함을 깨닫고 좀 더 공부하길 바란다.

지방 아파트를 투자한다는 건 일반사람들의 무시나 지탄을 이끌어 내는 행위이다. 주로 듣는 말은 정해져 있다.

지방은 이제 끝났다. 지방 아파트를 왜 사요.

부동산 투자 할 줄 모르네.

지방 아파트에 투자할 바에 차라리 주식이나 코인에 투자를 하겠다. 인구소멸로 팔기 힘들 거다. 등등.

난 지금 30채 가까운 아파트를 소유하고 있지만 수도권에는 고작 1채만 가지고 있다. 그것도 서울이 아닌 인천에 말이다.

다른 사람들이 보기에 진짜 무모해 보일 수도 있다.

어디에 투자를 하든지 수익만 내면 된다고 생각한다.

그게 서울 아파트든 지방 아파트든 말이다.

그게 설령 지방 아파트면 안 될 이유가 있나?

당분간 이 얘기는 안 하도록 하겠다.

10.

오피스텔 투자 (경기 안산)

　아파트 투자 얘기는 잠시 멈추고 이제 오피스텔 얘기를 해볼까 한다. **오피스텔은 용도로 따지면 근린생활 시설에 포함된다.** 이 말은 쉽게 얘기하면 주택이 아니라는 걸 말한다.
　그런데 2021년 아파트 가격의 가파른 상승이 빌라와 오피스텔까지 상승시키고 그 범위가 지산(지식 산업 센터)까지 미치자 정부는 주거용 오피스텔을 주택이라 규정짓는 초강수 부동산 대책을 발표하기에 이른다.
　보통 서울 아파트에서 거주하며 오피스텔을 월세 받을 목적으로 보유한 사람들이 더러 있었다. 근데 오피스텔이 주택수에 포함되면 아파트를 오피스텔보다 먼저 팔 경우 양도소득세를 내게 된다. 그래서 이때에 오피스텔을 부랴부랴 급매로 처분하는 경우가 많았다.

지금에 와서 생각해 보면 난 항상 보통 사람들과는 반대로 움직였던 것 같다. 난 이때 오피스텔을 매수하기 위해 알아보고 움직였다. 예전부터 이미 생각해 두었던 오피스텔의 매수를 시작하게 된 것이다.

일단 부동산에 들러 현재 상황을 브리핑 받고 급매로 부탁했다. 단 조건이 있었다. 가격도 싸야 했지만 전세 세입자를 들이는 조건이거나 전세 세입자가 현재 살고 있는 조건이어야 했다. 정확하진 않으나 이 당시 매매가격이 6300만원이면 전세는 6800만원으로 계약을 했다.

다시 말하면 돈 없이 살 수 있다는 것이다. 각종 세금에 부대비용까지도 다 처리가 가능했다. 오피스텔의 주택수 포함이라는 정부 규제책으로 난 돈 들이지 않고 오피스텔을 몇 채 매수했다.

출처: 호갱노노

주변에서는 이런 나를 이상하게 보곤 했다.

난 개의치 않았다. 목표한 대로 계획한 대로 하면 그뿐이니….

잠깐 내가 매수한 오피스텔을 말해 보겠다.

경기 안산에 있는 거풍 스카이 팰리스다.

그림에서 ■ 표시가 되어 있는 그곳이다. 경기 안산 중앙동에 위치해 있으며 4호선 중앙역을 도보로 이동 가능한 위치이다. 이 중앙역은 4호선뿐 아니라 수인분당선도 이용 가능하고 조만간 신안산선도 개통될 예정이다.

신안산선이 개통되면 여의도까지 30분 정도면 이동 가능할 듯하다. 서울권이라고 봐도 무방하다. 이 오피스텔은 복층 원룸이다. 복층의 층고는 낮아 잠만 자거나 옷장 형태로 대부분 이용한다. 그래도 그 공간으로 인해 효율적인 공간 활용이 가능하다.

현재 매매시세는 약 7000만원이다. 가전제품이 빌트인으로 들어가 있어 1인 가구가 살기엔 부족함이 없고 중심 상업 지역에 있어 인프라가 좋다. 심지어 바로 앞이 롯데백화점이다.

이곳을 선택한 이유는 내가 잘 아는 지역인 것도 있다.

한때 안산에서 살기도 했고 안산 여러 학원을 옮기며 일하기도 했다. 그래서 선택하는 데 별 어려움은 없었다.

오피스텔은 대부분 가격상승을 기대하기 어렵다고 한다. 나 역시도 그 말에 대부분 동의한다. 그럼 왜 샀는지 이해하기 어려울 수 있다. 간단히 대답할 수 있다. 나중에 월세 받기 위해서라고 말이다. 현재 이 오피스텔에 월세는 보증금 500만 원에 월세 45만원이라 한다. 나중에 월세가격이 더 오를 수 있지만 현재 가정을 하기엔 무리가 있다.

이 오피스텔을 6300만원에 사서 보증금 500만원에 월세 45만원을 받는다고 한다면 수익률은 9.3%이다.

수도권에서 이 정도면 일반 상가나 아파트 월세 수익률보다 높은 편이다. 물론 오피스텔의 매매가격이 오를지는 미지수다.

그렇지만 확실한 월세 수익률로 인해 매수하게 되었다.

부동산 투자에 있어 수익을 주는 방법은 여러 가지가 있다. **가장 좋은 투자는 월세도 받는 동시에 매매가격도 오르는 거다. 한 번에 두 마리 토끼를 잡는 일거양득이라고 할까?**

더 좋은 건 받는 월세도 시간에 따라 꾸준히 오르는 거다.

이런 매물을 찾기 위해 난 전국으로 임장을 다니고 그 지역 부동산 사장님과 자주 연락하고 경매 매물도 보고 있다.

아이러니하게도 지방 대부분 아파트는 월세 수익률이 높으면 매매가격이 잘 오르지 않는다. 심지어는 월세 수익률이 20% 가까이 되는 곳도 있다. 견물생심이라고 이런 얘기를 듣거나 알게 되면 사고 싶다. 그런데 돈이 없어 빠르게 포기하는 게 한두 번이 아니다.

예를 들면 매매가격 3000만원에 사서 월세를 45만원 받는 경우도 보았다. 이 아파트를 5채 사면 1억 5000만원의 돈이 들지만 월세는 225만원을 받게 된다. 1억 5000만원으로 월세를 200만원 넘게 받을 수 있는 부동산 투자 매물이 수도권엔 거의 없다. 수도권에 이런 월세 수익률을 얻을 수 있는 아파트나 상가가 있다면 아마 엄청 팔렸을 것이다.

임장 다닐 때마다 월세 수익률 좋은 아파트를 보면 언제나 사고 싶다. 가격이 안 오른다 해도 월세 수익률이 월등히 높으니 상관없지 않을까 해서다. 다른 거 제쳐 두고 항상 돈이 없어 사지 못하게 된다. 가격이 오르고 안 오르고는 중요한 게 아니라는 사실이다.

안산 거풍 스카이 팰리스라는 오피스텔을 3채나 보유하게 되었다. 더 좋은 오피스텔이 있었을지 모르고 내가 매수한 게 최선이 아닐 수도 있다. 하지만 지금도 그 때의 내 선택은 후회가 없다. 이 오피스텔로 월세를 얼마나 받게 될지 궁금해진다.

투자는 미래를 모르고 하기에 더 공부하게 되고 더 망설이게 되고 더 흥미롭다. 기대와 실망이 함께 공존하나 투자를 시작하기 전에는 기대가 큰 게 사실이다.

그렇지 않다면 투자를 아예 시작하지 않을지도 모른다.

힘든 일상도 미래에 대한 기대로 조금은 희석되는 게 투자의 가장 큰 장점이 될지 모른다. 나도 힘들 때마다 미래에 대한 기대로 버티고 있다. 부정적인 미래를 그린다면 투자는 하지 않는 편이 좋다. 괜히 투자했다가 자칫 잘못되면 부정적인 생각이 나 자신을 무너뜨리고 결국엔 버티기도 어려운 상황이

온다. 그러니 부정적인 사람은 될 수 있으면 부동산 투자는 지양하기 바란다. 돈보다 더 중요한 가족관계, 의리, 미래 목표 등을 다 잃을 수 있다. 그럼에도 꼭 부동산 투자를 해야 한다면 많은 공부를 하고 시작하길 바란다.

계속 얘기하지만 공부보다 더 좋은 대책은 없다.

오피스텔이 주택수에서 제외된다면 가격도 지금보다 더 오를 거라고 예상한다. 현재는 투자자들도 관망 중이고 건설사들도 쉽게 건축할 상황이 아니므로 부동산 공급은 갈수록 줄어드는 게 사실이다. 대신 수요도 늘기 어려운 상황이라 거래량이 지지부진하다. 이대로 언제까지 갈지는 아무도 모른다.

1인 가구의 증가로 소형 아파트나 오피스텔이 앞으로는 인기가 많을 듯하다. 인구는 감소하지만 세대수는 늘고 게다가 외국인들도 빠르게 늘어 가고 있다.

한국이 단일민족국가란 말은 먼 훗날 어떤 식으로 바뀔지 궁금하다. 부동산 투자를 하면서 충남 아산 한 부동산 사장님이 이런 말을 했다. 요즘 들어 고려인들이 아파트를 매수하고 있다고 말이다.

고려인이란 말은 주로 옛 소련 지역에 사는 한민족을 뜻한다. 이들의 국가에는 러시아, 우즈베키스탄, 투르크메니스탄, 카자흐스탄, 우크라이나 등 많은 국가들에서 한국에 정착해 일자리를 가지고 살고 있거나 정착하려고 노력하고 있다.

예전에는 한국에 잠시 살려고 월세로 거주했는데 지금은 아파트를 매수해서 거주하거나 전세나 월세를 같은 고려인이나 한국인에게 주고 있다.

  이제 고려인들이나 다른 나라에서 온 국민들도 한국에 정착하려는 움직임이 예전보다 많아진 게 여기저기서 보이곤 한다. 그만큼 한국이 예전에 비해 살기 좋아진 듯하다.

11.
아산 신창지구

앞에서 아산 배방에 매수한 삼정그린코아 아파트에 대한 얘기는 읽었을 것이다. 아산이란 도시는 탕정 신도시가 1급지이고 의견이 분분하지만 배방을 대체로 2급지로 보는 편이다.

  이제 말하는 **신창지구는 아산에서도 도시개발이 가장 안 된 곳 중 하나이며 가장 좋지 않은 입지라고 해도 무방하다.**

  이곳에 처음 매수하려고 시도했던 건 2020년 겨울의 일이다.

  2020년에 처음 가 본 곳은 신창양우내안에 아파트(13평)이다.

  2014년에 준공된 아파트로 아직은 큰 고장이나 수리 없이 사용 가능한 아파트다. 2020년 겨울에 매매가격은 5000만 원 정도였고 내가 본 매물의 전세는 4950만원이었다. 부대비용 제외하면 50만원만 있으면 살 수 있는 아파트였다.

적은 돈으로 매수가 가능해서 계약도 하고 기분 좋게 집에 왔다. 원래는 4채 정도 매수하려고 했는데 돈이 없어서 한 채만 겨우 계약하고 부동산을 나섰던 기억이 있다.

가계약만 한 터라 조금은 불안했지만 그때만 해도 부동산 시장이 활발했던 건 아니라서 괜찮겠지 싶었다.

하지만 본 계약 며칠 전 부동산에서 전화가 왔다.

계약을 취소하겠다는….

알고 보니 매도인분이 부동산을 하시는 분이었다.

물론 근처에서 하는 건 아니지만 이래저래 알아본 듯했다.

사실 그 당시엔 가격이 오를 거란 전조 증상은 내 기억으로는 전혀 없었다.

그리고 한동안 아산 신창지구는 내 기억 속에서 멀어져 갔다.

그리고 1년 후 신창지구를 다시 갔을 때 이미 매매가격이 어느 정도 올라 있었다. 매매시세는 6800만원 정도였다. 2020년에 그냥 포기한 게 많이 생각났다.

그래도 더 오를 거라고 판단해서 매수를 하기로 했다. 전세시세는 5500~6000만원이니 1000만원 넘게 자금이 필요했다.

1년 만에 필요자금이 수십 배 더 필요해진 것이다.

내가 투자하면서 느낀 것 중 하나는 시간이 흐르면서 투자금은 더 들어가는 게 부동산 시장인 듯하다.

앞으로도 계속 그렇다고 얘기할 순 없겠지만 지금까지는 그랬다. 어떤 논리로 얘기하긴 어렵고 전국 모든 지역이 그렇다고 얘기할 수도 없다.

그러나 이 일 이후로 돈이 적게 들어가는 곳은 더욱 눈여겨보게 되었다. 내가 **신창지구에 관심을 가지는 이유**가 있다. 처음엔 월세 수익률이 높아 관심을 가지게 되었지만 지금은 **강원도 속초에 있는 부영 6단지 아파트를 임장 다녀오면서 더욱 확실해졌다. 비슷한 주위 환경 때문이다.**

속초 부영 6단지와 유사한 입지는 아산 신창지구에 있는 득산 부영 아파트이다.

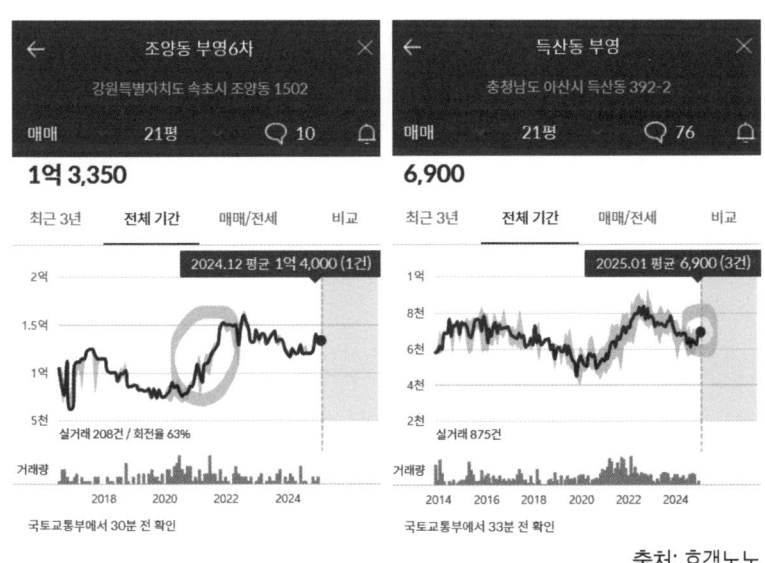

출처: 호갱노노

속초 부영 6단지 아파트는 2020년부터 오르기 시작했다.

어떤 다른 호재가 특별히 있지도 않았고 그렇다고 바다가 보이는 아름다운 뷰를 가진 아파트도 아니었다. 물론 전국이 올랐던 2021년 상승장이 있어 올랐던 것도 인정은 된다.

하지만 그 이후로도 큰 하락 없이 잘 버티고 있다.

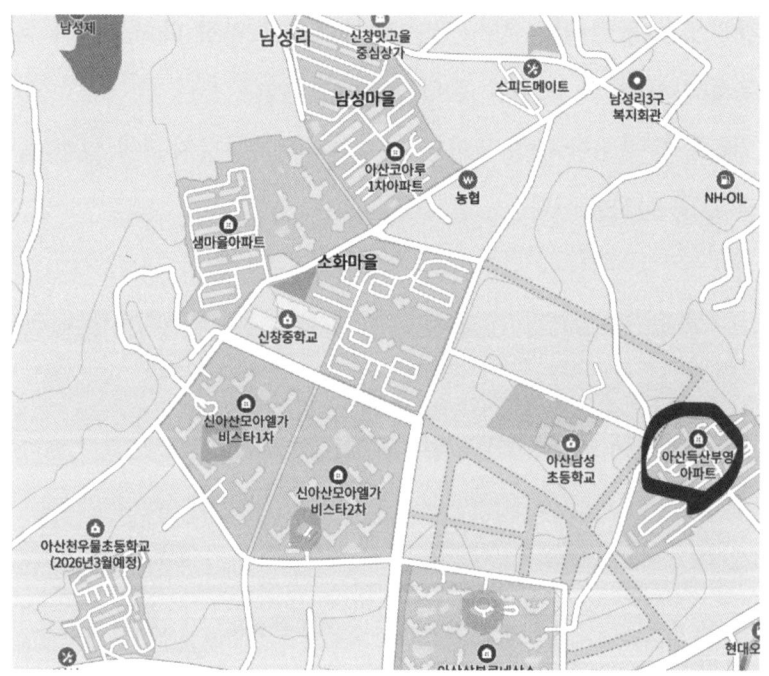

출처: 호갱노노

이제껏 한 번도 얘기하지 않았던 아산 신창지구의 득산 부영 아파트를 얘기하려 한다.

이 아파트는 외부 환경적 요인에 있어 속초 부영 6단지와 많이 비슷해 보인다.

속초 부영 6단지는 2020년 주위 신축 아파트 단지들이 입주하면서 주위 인프라가 좋아졌다. 그러면서 아파트 가격이 오르기 시작했고 아산 득산 부영 아파트와 비슷했던 가격이 2배까지 올랐다.

2022년 11월 속초에 임장 가서 이 사실을 부동산에서 듣게 되었고 난 위 사실이 아산에도 적용될 거라는 기대감에 아산 득산 부영 아파트를 몇 채 매수했다.

속초에 임장 가기 전부터도 물론 매수했지만 임장 후에도 매수를 했다. 속초에 다녀와서는 막연한 기대감보단 약간의 확신이 있었다.

현재 아산 득산 부영 아파트 주위에는 신축들이 약 7000세대 정도 입주했거나 입주할 예정이다. 입주한 단지로는 삼부르네상스, 신모아엘가비스타 1차, 신모아엘가비스타 2차가 있다.

그리고 입주 예정이거나 분양 예정인 단지는 신창 1차 골드클래스, 신창양우내안에, 신창 1차 광신프로그래스(2025년 9월 예정), 영무 예다음이 있다.

신창지구는 몇 년 전보다 도로나 기타 주변 환경이 많이 좋아지고 있다. 학교도 더 늘어나고 있다. 앞으로 어떻게 좋아질지는 모르나 지금보다는 많이 좋아질 듯하다.

개인적 생각으로는 이 일대(신창지구)의 입주가 어느 정도

끝나고 나면 득산 부영 아파트가 속초 부영 6단지와 비슷하게 가격 상승이 오지 않을까 예상한다.

출처: 호갱노노

　위 그림은 속초 부영 6단지와 그 주위의 신축 아파트 단지들이다. 신축 단지들은 2019년~2020년 사이에 입주한 아파트들이다. 속초 부영 6단지의 가격 상승이 주위에 신축 아파트 때문이 아니라고 한다면 나머지 이유는 알지 못한다.
　이 책에서 지도나 사진 등 자료를 많이 언급하지 않는 이유는 그 자료들만 보다가 글에 담긴 의미를 파악하지 못한 채 책을 덮지 않을까 싶어서다.

　보통 그림이나 사진들만 보다가 아무 의미 없는 시간을 보낼 수도 있다는 생각에 가급적이면 이 책에서는 글로 쓰기로 했다. 몇 번이고 읽어 보시면 생각보다 많은 정보를 얻을 수 있으리라 생각된다. 그리고 모르는 지역이나 사실에 대해 주변 부동산이나 인터넷을 통해 꼭 알아보고 한 번 더 생각해 보길 추천한다.

　부동산 투자란 지도나 사진도 좋으나 객관적인 사실을 받아들이는 지식도 필요하다. 이 지식의 의미는 다른 사람들이 쉽게 알 수 없는 사실을 의미한다.

　쉽게 알아낼 수 있는 사실을 지식이라 할 수 없다.

　지식을 알면 투자에 있어 많이 유리하다.

　적어도 이 부동산을 왜 사는지에 대한 근거는 알 수 있다.

　이 말은 언제 사서 언제 파는지가 좋은지에 대한 얘기와는 다르다. **매도나 매수시기를 정확히 아는 건 불가능하다….**

　앞에서도 몇 번 얘기했지만 **항상 지나고 나서야 과거 투자에 대해 얘기할 수 있고 얘기할 수 있는 시점은 늘 현재라서 미래는 어떨지에 대한 결과는 불확정적이므로 정확한 결과는 어떤 시기에도 알 수 없는 게 사실이다.**

　무슨 말이냐면 내가 2020년에 아파트를 사서 2023년에 팔았고 2020년 가격보다 2023년 가격이 더 높다면 일단은 매도를 잘 했다고 볼 수 있다. 그러나 2023년 가격보다 지금

2025년 가격이 더 높다면 과연 2023년에 수익을 얻었다고 해서 매도를 잘 한 건지에 대해 고민해 볼 수 있다.

근데 어느 시기에 팔더라도 미래는 항상 존재하기에 100% 매도를 잘 했다고 볼 수는 없다. 대신 어느 정도 수익에 만족한다는 표현이 옳다.

사람은 욕심이 많기에 늘 훈수를 둔다.

위 얘기도 이렇게 얘기하는 사람들이 분명히 있을 수 있다. 네가 2025년에 팔았다면 조금은 더 수익이 높지 않았을까? 이 말에 쐐기를 박는 한 마디….

투자를 여러 번 하고 많이 공부하고 많이 사고팔고 한다고 해서 모든 사실을 100% 다 알 수는 없다.

그러나 일반 사람들은 전문가라면 모든 걸 정확히 예상하고 모든 결과가 좋아야 한다고 생각한다.

단 한 번의 오차도 용납하지 못한다.

잠깐 다른 얘기를 해 보면 부동산 투자 전망에 대해 얘기하는 유명 인플루언서, 유튜버, 저명한 대학교수님들은 매번 내년 또는 다음 분기의 전망을 발표하지만 검색해 보면 전망이 거의 틀린다. 하지만 그에 대한 책임과 사과는 거의 없다시피 하고 유명세도 지속된다. 정말 신기하다.

그리고 아무 일 없다는 듯 얼마 지나서 또 전망을 발표한다. 이상한 건 매번 틀린다 해도 그분들이 얘기한 투자 전망을 신뢰하는 사람이 늘 많은 편이다.

우리 사회의 이상한 단면이다. 비방하거나 흠내려고 얘기하는 건 아니다. 실제로 이해는 안 가나 그러려니 한다.

그와는 반대로 주위 지인들은 부동산 투자에 대한 내 의견을 계속 물어보지만 그 의견을 얼마나 신뢰하는지 여부에 대해 난 정확히 알지는 못한다. 하지만 많은 부분에 대해 신뢰하기보다 그냥 한 번 들어 보려고 하는 것 같다.

내 투자 방법이 이해가 안 가면 그 이유를 물어보기보다 이해 안 가는 식의 표정을 짓기 일쑤다. 부동산 투자는 주식, 코인과 달리 가볍게 생각하지 않지만 돈이 있어도 여러 가지 문제로 인해 못 하는 경우가 다반사다.

투자를 못 하는 것에 그치지 않고 이런 얘기로 스스로를 위로하는 분들도 더러 있다.

부동산 투자는 이제 힘들어질 것 같다. 지방 부동산은 이제 끝났다. 그중 가장 이해가 안 되는 말은 조금 있으면 가장 저렴해 질 거니 그때 사겠다.

이런 말을 듣고 있으면 대부분 사람들이 부동산 투자를 오랫동안 많이 해 본 경험이 있을 거란 생각이다. 과연 그럴까?

앞에서도 얘기했지만 한국 부동산에 있어 다주택자들은 10%가 되지 않는다. 실상은 갈아타기로 상급지로 옮기는 일시적인 다주택자를 제외하면 그마저도 줄어든다.

한국의 아파트 가격은 정말 다주택자들이 올리는 것일까?

2021년 주택 가격이 폭등할 때 전국이 부동산 투자 열풍으로 휩싸였다. 그때 충동적으로 다주택자가 된 분들이 많다.

원래는 주택을 매수할 계획이 없었는데 주위에 투자한 사람들이 잘되거나 또는 아파트 가격이 계속 오르는 모습을 보고 심리적으로 견디기 힘들어 하다가 갑자기 다주택자가 되는 현상이 빈번하게 생겼다. 아마 이분들이 요즘 힘들어하거나 다주택자에서 정리 후 1주택으로 돌아가는 현상도 보인다.

한국에서 무주택자로 살아가는 것만큼 다주택자로 살아가는 것도 쉽지 않다. 다주택자는 돈이 많은데 왜 힘들까 생각하는 사람들도 많다. 이런 예가 적절할진 모르겠으나, 사업하는 분들도 걱정 안 하고 풍요롭게 사는 사람들도 있으나 사업을 겨우겨우 유지만 하는 사람들도 더러 있다.

다주택자라고 해서 다 부자는 아닐 수 있고 매수한 주택의 가격이 떨어지면 곤경에 처하는 상황도 빈번히 생기곤 한다.

처음엔 부푼 꿈을 안고 다주택자의 길로 접어들지만 겪다 보면 세금, 세입자, 부동산 시세 하락 등 생각지 못한 일들에 봉착하게 된다. 뭐든 쉬운 게 없다.

이 당시 **벼락거지**라는 말이 유행했다. 부동산 가격이 폭등하던 2020년쯤부터 유행하던 신조어로 당시 부동산이나 주식, 코인 등 **자산 가격이 급등하자 이렇다 할 자산 없이 성실하게 직장생활만 하던 사람들이 상대적으로 가난해졌다고 느끼는 상황**을 풍자한 말이다. 지금은 벼락거지란 말이 어느 곳에서도 들리지 않는다. 그만큼 부동산 시장이 좋지 않다는 반증이다.

그러나 세상이 망하지 않는 이상 자산 가격은 언젠간 또 올라갈 것이다. 그러면 투자심리를 자극해 가격 폭등이 다시 시작될 것이다. 이런 과정을 되풀이하며 부자가 탄생한다.

여기서 말하는 부자는 투자의 결과로 나타난 신흥부자이다.

사업이나 근로소득으로 생겨난 부자는 따로 있다.

투자로 부자가 된 사람들로 인해 대부분의 사람들이 그들의 전철을 밟는다. 그들 중 아주 소수만 부자가 되고 대다수는 오히려 큰 손해를 떠안는다. 이런 것이 자본주의 시장의 냉정함이다. 기회는 평등하게 주어지지만 결과는 너무나 다르다.

지금의 나도 신흥부자가 되기 위해 투자하고 강의하고 책도 쓰고 있다고 솔직하게 말하고 싶다. 미래를 알 수 없는 건 희망이기도 하고 절망이기도 하다.

모두가 희망이기를 바라겠지만 절망이 있어야 희망도 있다.

항상 한쪽 면만 존재할 수 없다는 걸 얼마 전에야 알았다.

지방 아파트에 소액으로 투자하는 내가 신흥부자가 된다면 사람들은 어떻게 생각할지 정말이지 궁금하다.

현재까지는 내가 하는 지방 투자에 대해 크게 신경 쓰는 사람은 없다. 언론에서 하루가 멀다 하고 지방의 인구 소멸과 지방 건설사의 부도를 뉴스로 보도하고 있고 점점 좋지 않은 소식들만 들리고 있다.

결과는 앞으로도 수년은 지나야 알 수 있을 듯하다.

나중에 반드시 좋은 상황으로 성공 스토리를 책에 쓰고 싶다.

아산 신창지구에 나는 양우 내안에 와 득산 부영 아파트를 몇 채씩 소유하고 있다. 신창지구의 입주가 어느 정도 끝나게 되면 아파트 가격이 과연 어떻게 될지 궁금하다.

물론 잘 되길 바란다.

12.

아산 초원설화타운

충남 아산 좌부동 일대에는 초원설화타운이라는 3개의 단지가 있다. 모두 합치면 약 2000세대에 이른다.

2021년 10월 초원설화타운 1단지 22평을 매수했다.
그 당시 전국의 아파트 가격이 상승 중이었고 아산도 오르고 있었다.
초원설화타운 1단지는 아직 오르기 전이었고 네이버 부동산을 검색해서 토요일에 매물을 찾아 부동산 사장님께 문자를 보내고 연락을 기다렸던 기억이 아직도 생생하다.
일요일 오전에 전화가 와서 관련된 전화가 계속 오고 있으며 집도 안 보고 계약금을 입금하겠다는 전화도 수차례 받았다고 했다.

 그런데 내가 가장 먼저 연락을 해서 전화를 했다고 했다.
 이 상황에서 난 매수를 결정한 터라 집은 보지 못했으나 바로 계약금을 입금했고 그로부터 얼마 후 네이버 부동산 광고는 없어졌다.
 지금 분위기로 봐서는 이 모든 상황이 거짓말처럼 느껴지지만 사실이다. 미래에 부동산 가격이 상승할 때 과거 2021년 분위기처럼 될지 모르나 어쨌든 이런 분위기의 상승장은 나중에 다시 올 수 있다고 생각한다.
 초원설화타운 1단지를 매수한 이유는 크게 2가지다.
 첫째, 가격이 너무 저렴했다. 22평을 4500만원에 매수했다.

평당 200만원… 솔직히 말이 안 되게 싸다.

둘째, 투자비용이 적게 들었다.

전세 세입자가 4500만원에 살고 있어서 **각종 세금과 부대비용 110만원으로 매수할 수 있었다.**

그마저도 장기수선충당금을 승계받아 대신할 수 있었다.

이 단지를 매수할 때 한 가지 궁금한 점이 있었다. 세대수는 많은데 초등학교가 생각보다 멀었다. 계약할 때 부동산 사장님이 단지 내 학원들이 등하교를 해 줘서 큰 어려움은 없다고 했다. 실제로 걸어 다니는 학생들이 많지는 않아 보였다.

현재까지 3년 넘게 보유 중인데 세입자와 통화한 적은 한 번도 없다. 보통 사람들은 부동산 투자를 하면 세입자 분들이 자주 전화할 거라고 예상하는데 적어도 내 경우엔 보유 부동산에 비해 연락 오는 횟수는 극히 드물다.

가장 많이 연락 오는 사건은 보일러 수리, 누수인데 보일러는 부품교환으로 대부분 수리를 하고 누수는 아래층과 협의하는데 누수 원인을 찾는 데 어려움이 약간 있지만 원인만 찾으면 쉽게 해결 가능하다.

세입자와는 위의 사유가 아니면 특별히 서로 연락하진 않는다. 예를 들면 안부 전화 같은….

부동산 투자에 있어 투자금은 적으면 적을수록 유리하다.

그만큼 높은 수익률을 얻기 쉬워진다.

예를 들면 3억의 돈으로 3억의 수익을 얻으면 수익률이 100%. 모두들 예상하듯 3억으로 3억의 수익을 올리는 건 쉽지 않다. **다시 말해 내가 생각하는 수익률에 도달하기 위해서는 무엇보다 가장 중요한 건 어떤 투자든 그 금액이 소액일수록 좋다.** 많은 돈이 들어갈수록 많은 수익을 내야 하는 부담이 있다.

위에서 말한 초원설화타운은 각종 세금과 부대비용 110만원으로 매수한 터라 매수가격 4500만원에서 1000만원 오른 5500만원만 되어도 수익률이 무려 900%가 된다. 물론 연 수익률로 계산해 보아도 2021년에 매수해서 2025년에 5500만원에 매도한다고 해도 연 수익률이 무려 200%가 넘는다.

물론, 어떤 사람들은 부동산 투자로 1000만원을 수익 본 게 뭐 대수냐고 할 수 있지만 티끌 모아 태산이라고 소자본으로도 충분히 경제적 자유에 이를 수 있다는 자신감이 생기게 된다.

소액일 경우 사람들은 보통 주식을 하거나 은행 정기예금에 넣어 둔다. 주식은 개개인의 차이가 있으니 얘기하지 않겠다.

은행에 1억을 연 3%의 복리로 정기예금에 5년간 넣어 두면 약 1600만원의 이자가 생긴다. 물론 세금을 제하면 더 적어진다.

앞서 초원설화타운 22평을 110만원의 자금으로 1000만원의 수익을 얻을 수 있다면 그 수익률은 실로 엄청 큰 것이다.

부동산 투자는 큰 자본이 필요한 게 당연하다고 여기지만 공부하면 공부할수록 그 당연한 생각이 바뀌게 된다.

모든 사람이 이런 부동산 투자를 할 수 있는 건 아니다.

정말 많은 관심과 공부와 인내심 그리고 긍정적인 마인드 이런 것들이 수반되어야 비로소 이런 소액 투자를 가능케 한다.

돈이 많다면 나도 당연히 서울, 수도권에 투자했을 듯하다.

하지만 돈이 없다고 투자를 포기하기보다 소액이라도 투자처를 찾아 수익을 얻는다면 당장은 아니더라도 시간이 흐를수록 경제적 자유에 근접할 수 있게 된다.

내가 하는 부동산 투자도 대부분 소액 투자이다.

때로는 투자처가 논리적으로 말이 안 되고 이런 곳이 과연 오를 수 있을까 하는 생각이 들기도 하지만 **생각만 하는 투자자는 절대 부자가 될 수 없고 실행에 옮기지 않으면 아무 의미도 없기에** 앞만 보고 투자를 한다. 그렇다고 **나에게 남들과 다른 특별한 능력이 있을 리 만무하다.**

여기서 부동산 투자를 하기 위해 어떤 것부터 해야 하는지 모르는 분들을 위해 내가 생각하는 공부방법에 대해 얘기해보고자 한다. 일단 부동산에 관한 기본적인 지식이 필요하다. 너무 광범위한 얘기이긴 하나 그렇다고 무시할 수 없는 부분이다.

가장 좋은 공부는 공인중개사 자격증을 취득하는 것이라 생

각된다. 설령 자격증 취득에 실패하더라도 자격증 공부하는 과정 속에서 부동산 전반에 기본적인 사항은 알게 된다. 대신 대충 하는 공부는 안 된다. 반드시 자격증을 취득하겠다는 마음이 중요하고 진짜 합격하면 추후에 부동산업을 할 기회도 주어지니 좋은 일이다. 이다음은 특별한 과정이 없다.

나는 부동산 경매를 배웠고 매해 바뀌는 부동산 세법을 공부하고 지금 책을 쓰는 이 시점엔 부동산 공법을 깊게 공부 중이다. 사실 매해 어떤 공부를 할지 결정하고 어떻게 적용할지 생각한다. 매년 전국으로 임장을 다니고 매일 투자할 매물을 찾기 위해 검색한다. 그리고 빼놓지 않고 하는 게 매일 부동산 관련 뉴스를 읽어 보고 실전 투자를 하는 유튜브 방송을 청취하는 편이다. 그런데 이 모든 걸 참고만 하지 직접적으로 따라하는 건 한 가지도 없다.

어떤 기준으로 투자하는지에 대한 질문을 많이 받는 편인데 그건 자본금이나 현재 부동산 시장 또는 지역에 따라 너무나 많은 변수가 있기에 한마디로 정의하기 어렵다.

이에 관해서는 다른 부동산 투자자분들도 나와 비슷할 듯하다.

가장 중요한 건 자금에 따라 투자할 곳을 정하는 것이다.

예를 들면 내 통장에 500만원이 있는데 수도권에 투자처가 없다고 포기하는 게 아니고 돈에 맞는 투자처를 지방 어느 곳이 되었든 결정하고 투자한다. **예산에 맞게 투자를 하면서 반**

드시 오를 곳을 찾는다. 가격상승이 없다면 아무리 예산에 맞춘다고 해도 의미가 없다.

내 자랑을 하는 게 아니고 위 모든 걸 누군가 가르쳐 준 적은 없다. 공부하고 관심을 가지고 투자를 하면서 경험을 쌓으니 확신이 생겼다고 얘기할 수 있다.

나에게 누군가 부동산 투자를 하는 데 자신이 있냐고 묻는다면 자신 있다고 얘기할 수 있다. 200만원만 있으면 난 부동산 투자가 가능하다. 모든 지역을 다 할 수 있는 건 아니겠지만 추후 가격상승이 예상되는 지역을 찾아 투자할 수 있다.

그럴 수 있기에 지방에서 투자하고 있는 것이다.

지방 아파트 단지는 수도권과 달리 인프라도 학군도 교통도 좋지 않은 곳이 많다. 이 얘기를 하는 이유는 **수도권에 비해 지방은 분석해서 투자의 확신을 가진다는 것이 힘들다.**

더구나 가격상승의 확신을 가지는 건 더 힘들다고 볼 수 있다.

앞에서 미래를 안다는 건 불가능하다고 얘기했다. 그러기에 투자를 공부하고 경험을 쌓는 건 불가능을 가능으로 조금씩 바꿔 가는 과정이라 생각한다. 물론 투자를 하면서 모든 투자가 100% 성공한다는 건 아니므로 그에 대비하고 또 매번 나쁜 상황이 안 오길 바라고 투자를 하려고 한다.

그럼에도 혹시 나의 투자가 손해를 본다면 그것 또한 감당할 각오가 되어 있다고 볼 수 있다. 손해보다 수익이 더 크면 되기에 크게 걱정하지 않고 투자에 임한다.

　잠깐이나마 내가 생각하는 부동산 투자에 대해 얘기했다.

　기회가 되면 나중에 더 얘기하겠다.

13.

아산 실옥동 중부팬더

2021년 11월쯤이었던 것 같다. 투자매물을 찾던 중 공시지가 1억 이하 매물 중 대형 평형의 아파트를 발견했다.

〈공동주택 공시지가〉

2023.1.1	팬더아파트(중부팬더)	102	303 산정기초자료	130.04	101,000,000
2022.1.1	팬더아파트(중부팬더)	102	303 산정기초자료	130.04	102,000,000
2021.1.1	팬더아파트(중부팬더)	102	303 산정기초자료	130.04	85,400,000
2020.1.1	팬더아파트(중부팬더)	102	303	130.04	80,000,000
2019.1.1	팬더아파트(중부팬더)	102	303	130.04	83,000,000
2018.1.1	팬더아파트(중부팬더)	102	303	130.04	96,000,000
2017.1.1	팬더아파트(중부팬더)	102	303	130.04	100,000,000
2016.1.1	팬더아파트(중부팬더)	102	303	130.04	104,000,000

47평인데 공시지가 1억 이하라니….

당연히 공시지가가 1억 이상이라 생각하기 쉽지만 혹시나 해서 조회한 결과 공시지가 1억 이하의 단지였다.

아파트 투자를 하면서 느끼고 경험한 것 중 하나는 평수가 클수록 투자비용은 많이 들지만 가격이 상승할 때 오름폭도 크다는 것이다. 하지만 다주택자였던 나는 대형평수 아파트들이 거의 다 공시지가 1억 이상이라 12%인 취득세가 너무 부담되어 투자를 못 하고 있었다.

그러던 중 아산 중부팬더 아파트를 발견하고 투자하기로 마음먹었다. 매매가격은 1억 7천이고 47평인 걸 감안하면 평당 400만원이 안 되었다. 전세 세입자분이 있었는데 1억 5천에 살고 있었다. 세금과 부대비용을 제하면 2000만원에 이 아파트를 매수할 수 있었다.

47평 아파트를 2000만원에 살 수 있다는 건 그 당시에 소액투자에 어느 정도 길들여진 나에게도 놀라운 일이었다. 22년 1월 잔금을 치르고 현재는 전세 1억 6천에 다른 세입자가 살고 있다. 전세금을 1000만원 올려서 자금을 일부 회수한 상황이다. 언제, 얼마에 매도할진 모르지만 내가 산 가격보다는 많이 받을 수 있을 것 같다.

지금껏 내가 투자한 공시지가 1억 이하 아파트 중 가장 큰 집이다.

출처: 호갱노노

위 그래프에서 보이듯 가격이 조금씩 오르고 있다.

왜 오르는지는 아직도 정확히 알 수 없지만 추측은 해 본 적 있다. 내 추측으로는 대형평수인 데 비해 가격이 너무 저렴해서 인플레이션이 계속 반영되면 가격은 조금씩 오를 거라 예상했다. 단지 추측일 뿐이다.

추측이 조금씩 내 생각대로 맞으면 확신이 생기고 그 확신은 수익으로 연결된다.

투자에 있어 첫 과정은 추측과 예상이지만 실행에 옮기며 좋은 결과가 나오면 이제 확신을 가지고 추측과 예상을 뛰어

넘는 자기만의 투자 메커니즘을 갖게 된다.

　다른 말로 얘기하면 예상과 추측만 하지 말고 그 예상과 추측의 일부 또는 전부를 투자로 옮겨야 자신만의 투자 메커니즘을 서서히 알아 가게 되고 그 시행착오가 더는 착오가 아님을 알았을 때 주저 없이 실행에 옮기게 된다.

　이런 과정을 반복하면서 투자의 성공률을 높여 가게 된다.

　투자에 100% 성공한다는 건 아니니 오해는 없길 바란다.

　어떤 투자든 이익을 볼 때도 있고 손해를 볼 때도 있으나 이런 과정을 거쳐 이익을 극대화시킨다는 말이다. 다르게 말하면 손해를 줄여 가는 과정이라 보면 되겠고 실수를 줄여 가는 것도 포함된다고 볼 수 있다. 이것 또한 손해를 더러 경험하고 실수도 하면서 완성된다.

　어쨌든 **아산 중부팬더 47평 아파트를 매수하고 3년 정도 보유하면서 지금처럼 부동산 시장이 좋지 않을 때 다른 아파트와 달리 가격이 오르는 현상을 보고 있다.**

　비록 구축이고 브랜드 인지도가 좋은 아파트는 아니지만 주거 지역으로는 나쁘지 않다. 바로 옆 단지에 푸르지오 아파트가 있으며 같은 단지처럼 보이기도 한다.

　최근 분양가가 많이 올라서 47평의 아파트를 신축으로 분양받는다면 얼마일까? 보통 내 생각으로는 7억은 넘을 듯하다.

　상대적으로 중부팬더 아파트가 저렴해 보이는 이유다.

　여기서 일반 사람들의 인식이라면 47평 아파트가 1억

7000이면 싼 거 아닐까?

내가 투자하면서 느낀 건 부동산 시장의 많은 유동성과 정부의 친 부동산 정책이 부동산 시장의 가격을 상승시키는 건 맞지만 이런 요인 외에 가격을 상승시키는 요인도 있다.

부동산 시장의 흐름을 아는 것도 중요하지만 내가 투자한 부동산이 어떤 경우에도, 예를 들어 수도권이 하락장으로 진입하고 부동산 거래가 원활하지 않은 경우에도 오를 수 있는 투자처를 찾는 능력이나 경험이 중요하다.

요즘 듣는 얘기 중 이런 얘기들이 더러 있다.

수도권 부동산 시장이 안 좋은데 지방은 더 안 좋지 않을까요?

그때그때 상황에 따라 다르긴 하겠지만 일반적으론 수도권이 좋지 않으면 지방도 좋지 않다. 하지만 지방 전체가 좋지 않은 건 아니고 일부 지방은 가격이 오르는 경우도 있다.

이런 건 임장을 다니고 이곳저곳 부동산 사장님과 연락을 통해 파악할 수 있다. 물론 호갱노노, 아실(아파트 실거래가)을 통해 조사해서 대략적인 상황 파악은 가능하다.

아산 중부팬더 아파트 47평의 경우 부동산 시장의 흐름과 반대로 오르고 있다. 다음 장의 그래프에서 보면 알 수 있듯이 조금씩 서서히 오르는 중이다.

중부팬더 아파트의 입지가 아주 좋거나 아파트 주위에 호재가 있는 것도 아니고 게다가 같은 중부팬더 아파트라도 다른

평수(25평, 28평, 31평)는 오르지 않았거나 하락한 평형도 있다.

출처: 호갱노노

부동산 시장에서 가격을 예측한다는 것은 정말 어려운 일이다. 하지만 투자의 세계는 냉정하니 어떤 수를 내어도 반드시 수익을 얻을 수 있는 것으로 선택할 수 있도록 노력해야 한다. **손해를 본 후에는 어떤 변명과 후회도 의미 없다.**

2022년 1월 아산 중부팬더 아파트 잔금을 할 때 부동산 사장님이 나중에 얼마에 팔려고 하냐며 웃으면서 물었다.

난 지금 평당 400만원이 안 되니 평당 600만원 되면 팔고 싶다고 했다. 평당 가격으로 보면 그리 높은 가격이 아니지만 총액으로 보면 600만×47평=2억 8200만이라 많은 수익을 예상할 수 있었다. 1억 7000에 샀으니 1억이 넘는 돈을 수익으로 가지는 구조다. 게다가 현재 전세 가격이 1억 6000이니….

생각대로만 되면 1000만원 투자로 1억을 넘게 이득 보는 상황이었다. 미래는 모르니 좀 더 지켜보기로 하겠다.

2021년 겨울 전국 부동산 시장이 폭등할 때 중부팬더 아파트 47평을 매수했고 현재 분위기라면 그때보다 가격이 떨어져야 정상인데 오히려 조금 오른 가격에 매매 계약이 되고 있다.

이건 어떤 말로 설명이 가능할까?

그냥 운이 좋아서 그럴까??

〈 서산 죽성 삼성 아파트 〉
2021년 7월 매수 → 2023년 9월 매도

	매수가격	매도가격	전세가격	투자금	수익률(연)
30평	8000만	9800만	8000만	0	400%
39평	1억	1억 2500만	9000만	1000만	100%

앞에서 서산 죽성 삼성 아파트는 2021년 여름(상승장)에 매수해서 2023년 가을(하락장)에 팔고 높은 수익을 얻었다고 했다.

이런 건 또 어떻게 설명할 것인가?

중요한 건 전국 부동산 시장은 동일하게 움직이지 않고 그렇게 보면 언제나 수익을 낼 수 있는 부동산은 존재한다는 것이다.

그러니 수도권이 하락기라 지방 부동산에 투자할 매물이 없다는 건 사실이 아니라고 봐야 할 것이다. 지방 시장에 대해 잘 몰라 아예 수도권만을 투자 지역으로 보고 있거나 지방 시장에 대한 잘못된 선입견이 투자를 막고 있을지 모른다.

어떤 분야든 그럴 테지만 아는 만큼 보이는 법이다.

그중에서 가장 위험한 생각은 잘 모르면서 아는 체하는 사람들이다. 앞에서도 얘기했듯이 모르면 차라리 가만히 있자.

모르면서 유튜브나 뉴스로 전문가 흉내를 내지 않았음 한다. 주위 사람의 생각을 흐리게 만드는 그런 일은 충분히 공부가 된 후 했으면 한다. 모든 말에는 근거가 있어야 함을 명심하자. 책을 쓰는 지금 이 시간에도 난 투자할 곳을 찾고 있다.

투자를 잘하는 비결은 꾸준함이 아닐까 싶다.

물론 결과도 중요하다. 다른 사람들이 만들어 놓은 틀에 갇히지 말고 나만의 틀을 만들어 그 안에서 방법을 찾고 수익을 보길 바란다.

14.

지방 아파트의 재건축 (충북 증평군)

1) 지방 아파트 재건축에 대한 생각

지방 아파트 재건축이란 말을 들으면 어떤 생각이 드는가?
일단 신축이 될 때까지 오랜 시간이 걸리겠다.
아니면 재건축이 아무 일 없이 끝날 수 있을까?
과연 지방 아파트가 재건축될 수 있을까?
이 말에는 단서가 붙는다.
수도권 재건축도 오랜 시간이 걸리거나 진행하다가 아무 이유 없이 진행이 멈출 수 있다는데 과연 지방 아파트가 재건축을 할 수나 있을까?
그런데 지방 아파트 재건축이 과연 가능할 것인지?
과거에도 지방 아파트의 재건축은 했고 지금도 하고 있고 앞으로도 할 것이다. 어느 지역 어느 아파트가 재건축을 한 건지 궁금하다면 직접 알아보시면 될 듯하다.

그래야 지방 아파트 돌아가는 사정을 조금은 알 듯하다.

앞에서 내가 세종 조치원에 산다고 하였는데 그 동네에도 재건축한 아파트가 있다. 시간은 오래 걸렸으나 결국은 재건축이 끝나서 현재 입주 중이다.

조치원역 바로 앞이며 주위 환경은 기차역(조치원역) 외엔 노후화된 상업 지역이라 주거 지역으론 추천할 만한 곳은 아니다.

이런저런 이유로 재건축은 오래 걸렸지만 결국은 신축이 되었다. 이곳 재건축은 어떤 분이 오랜 세월이 걸려 끈질기게 진행해서 된 거라고 얘기를 들었다.

재건축에 가장 중요한 건 역시 사업성이다.

사업성은 재건축이 되고 난 후 달라진 가치를 뜻한다.

쉽게 얘기하면 분담금이 적게 들어가거나 그보다 더 좋은 건 그 주변 신축 아파트 동일 평수보다 총 비용이 더 적게 들어가면 된다. 이 비용에는 최초 아파트 구입비, 추가 분담금, 이자비용을 포함한 것이다.

사업성만큼이나 중요한 건 재건축 조합이나 추진위원회를 이끄는 리더이다. 예를 들어 배를 운항하는 선장이 중요하다.

선장이 잘못하면 배가 산으로 간다.

결국 재건축은 일단 사업성을 가지고 시작은 하나 끝까지 결과를 낼 수 있는 건 조합장이나 그와 비슷한 위치를 가진 리더의 능력이나 힘이다.

그러기에 지방이라도 사업성이 있고 뛰어난 리더가 있다면 재건축은 좋은 결과를 낼 수 있다.

난 지방 재건축을 알아보던 중 재건축 시행사와 정비업체 등을 만나 볼 기회가 있었다. 인터넷과 책에서 보던 재건축은 자세한 과정을 알 수는 없었는데 지금은 과거보다 재건축 투자에 대해 더 많이 알게 되었다.

모든 투자가 그러하듯 이론만으로 깊게 아는 건 어렵다.

실전 투자 하면서 알게 되는 건 확신을 줄 뿐만 아니라 그 깊이도 엄청 깊다.

그래서 이론과 실전은 반드시 함께 해야 투자를 잘할 수 있다고 생각한다. 이런 과정에서 발생되는 시행착오도 실전 과정 중 하나라 볼 수 있다.

현재는 지방 재건축은 수도권도 마찬가지겠지만 진행하다

멈춘 곳이 꽤나 많다.

  그 사유는 각각 다르지만 가장 큰 이유는 대체적으로 부동산 경기가 얼어붙어 있어서 그런 듯하다.

  세부적으로 들여다보면 신탁사의 자금사정, 조합원들의 갈등, 지자체 예산의 부족, 시행사와 정비업체의 능력 부족 등이 있다고 보면 된다.

  지방 재건축 아파트 투자를 성공적으로 잘하기 위해서는 투자 전에 미리 위에서 얘기한 문제들을 대략적으로 알아보고 해야 한다. 막연하게 재건축이 잘되리라는 믿음은 자칫 자신을 위험에 빠뜨릴 수 있다. 재건축은 평균 10년 이상 걸리기 때문에 자세히 알아보고 투자하는 걸 추천한다.

  잘 모르면 투자를 하지 않는 편이 좋다.

  잘못 투자하면 오랜 시간 고통받거나 힘들 수 있다.

  나는 수도권을 제외한 모든 지방 재건축 아파트를 조사한 적이 있다. 수도권을 제외하고 조사한 이유는 수도권에 투자할 돈이 없어서이지 사업성이 나쁘거나 안 좋아서는 아니다.

  지방 재건축을 찾는 조건이 있다.

  3000만원으로 투자가 가능해야 한다는 나만의 기준이 있다.

  수도권에서는 이 돈으로 재건축 아파트를 사는 건 거의 불가능하다고 생각한다. 그리고 수도권은 소형 재건축 아파트라 할지라도 공시지가 1억 이상인 경우가 많아서 취득세가 중과될 경우가 있을 수도 있다.

다주택자인 나로서는 취득세가 다른 어떤 세금보다 신경이 많이 쓰이는 게 사실이다.

양도세는 팔고 남은 돈으로 내면 그뿐이지만 취득세는 계약 초기에 내는 세금이라 꽤 부담이 된다.

그래서 8%나 12%의 취득세를 안 내려고 노력한다. 다시 말해 재건축 아파트도 주로 공시지가 1억 이하인 경우만 투자한다.

그런데 **공시지가 1억 이하인 재건축 아파트라도** 조심해야 할 부분이 있다. **정비구역 지정 후에 사면 공시지가 1억 이하 아파트라 할지라도 취득세가 중과된다.**

정비구역 지정 후라면 재건축 아파트가 이주 후 철거되길 기다렸다가 **철거 후 나대지일 때 사면 토지의 취득세만 내면 된다.**

이것도 취득세 중과를 피하는 좋은 방법이다.

물론 사업성이 높고 그만큼 수익이 많이 나는 경우일 때 한한다. 이후엔 내가 투자한 지방 재건축 아파트 한 곳을 얘기하겠다.

2) 지방 아파트 재건축 → 증평주공 1단지

지방 아파트 재건축을 조사하며 찾아 투자한 곳이 한 군데 있다. 충북 증평에 있는 증평주공 1단지 아파트이다.

현재 이 단지 아파트를 3채 보유 중이다.

충북 증평군은 청주 바로 옆 도시로 인구 4만이 안되는 지방 소도시라 볼 수 있다. 이런 소도시에 재건축이 될까?

여러분 상상에 맡기고 싶다.

출처: 호갱노노

위 그림을 보면 증평주공 1단지 옆 문화주택이 보일 것이다. 그곳까지 재건축을 한다고 보면 된다.

재건축 범위를 표시했으니 참고하기 바란다.

내가 보기엔 증평주공 1단지의 재건축 사업성은 좋다.

이곳에서는 투자를 부추길 수 있으므로 자세한 내용은 얘기하지 않도록 하겠다. 궁금하신 분들은 공부한다 생각하시고 한 번쯤은 직접 알아보시길 추천드린다.

조합은 어떨까? 정비업체는 어떨까? 재건축은 조합방식일까?

아니면 신탁방식일까? 사실 이곳 부동산에서도 사업성은 잘 모르는 듯하다. 원래 등잔 밑이 어두운 법이다.

증평주공 1단지는 330세대에 불과하지만 5층이 최상층인 계단식 아파트라 용적률이 낮다. 게다가 단지 옆 문화주택이 있는 블록까지 재건축을 하는 것도 장점인거 같다.

현재 증평주공 1단지는 증평군청의 현지조사가 끝나 본 진단을 할 예정이다.

여기서 말하는 현지조사는 속칭 예비안전진단을 뜻한다.

아직 초기인 건 맞으나 재건축은 시작되었다고 보면 된다.

물론 재건축이 끝날 때까지 얼마나 시간이 필요할지는 아무도 알 수 없다. 여기서 팁을 얘기하면 **재건축은 신축이 될 때까지 기다려야 가격이 오르는 건 아니다.**

중간중간 가격은 오르고 팔 수도 있으니 재건축이 된다 안 된다는 이유로 얘기할 이유는 없다. 적절한 예일지 모르나 서울 대치동 은마 아파트는 아직 재건축 초기 단계지만 가격은 처음 재건축 얘기가 나왔을 때 비해 많이 올랐다.

정도의 차이는 있지만 지방 재건축 아파트도 신축으로 바뀌어 가는 과정 속에서 어느 정도 오를 수 있다. 지금껏 재건축된 지방 아파트의 재건축 과정 속에 가격 상승 흐름을 보면 대략적인 유추가 가능하다. 이쯤에서 지방 재건축 아파트의 수익률은 어떨까 생각해 볼 수 있다.

사실 난 **부동산 투자도 어느 정도 분산 투자를 해야 한다고**

생각한다. 그렇다고 재건축 아파트가 투자 수익률이 낮은 건 아니지만 앞에서 얘기했던 서산 죽성 삼성 아파트와 비교하면 낮다고 볼 수 있다. 모든 투자는 분산 투자가 기본이라고 생각한다. 수익률은 서로 다르지만 각각의 목적에 맞게 투자를 하고 그에 따른 리스크를 대비하면 된다.

그래서 부동산 투자도 아파트, 상가, 오피스텔 등 여러 가지를 목적에 맞게 한다. 물론 수익이 될 수 있는 것을 사야 한다.

저렴한 비용으로 높은 수익을 볼 수 있는 것으로 분산 투자한다. 개인마다 투자의 원칙은 각기 다르지만 공통적인 부분도 있다고 본다. 그게 뭐냐면 손해 보지 않는 것이다. 어떤 종목을 투자하더라도 손해를 보면서까지 투자하는 경우는 거의 없다.

대신 이런 경우는 있을 수 있다.

손해를 보고 싶진 않지만 소액의 자본에 비해 얻어야 할 수익이 반드시 커야 한다면 손해를 무릅쓰고 투자해야 한다.

어찌 보면 무리한 투자라 볼 수도 있다.

위 경우를 제외하고는 보통의 투자자들은 철저하게 분산 투자를 하는 걸 원칙으로 한다. 그러지 않으면 나중에 어떤 안 좋은 일이 생길 경우 감당하기가 어려워진다.

지금도 부동산 투자를 하고 있는 나는 아파트, 상가, 오피스텔을 나름 분산 투자를 생각하고 매수했다.

결과는 아직 모르지만 현재까지는 잘한 듯싶다.

증평주공 1단지를 언제 팔지 알 수 없으나 한 채 정도는 재건축해서 신축 아파트가 될 때까지 보유하고 싶다.

10년 후, 15년 후, 재건축한 그 일대가 어떻게 변할지 궁금하다.

무엇보다 얼마의 수익을 볼 수 있을지가 궁금하다.

재건축이 끝가지 무사히 잘 진행되기를 바란다.

다른 재건축 아파트도 보유하고 있으나 지방 소도시(인구 4만 이하)의 재건축을 얘기해 보고 싶었다.

15.

부동산 투자와
부동산 경매에 대한 나의 생각

   부동산 경매는 많은 부동산 투자 방법 중 하나라고 생각된다.
   대부분 사람들이 알고 있는 부동산 경매는 부동산을 시세보다 저렴하게 살 수 있는 방법이라 알고 있다.
   이 얘기가 틀렸다는 말은 아니다. 그럼에도 불구하고 부동산 투자자 중 부동산 경매를 모든 투자자가 하지 않는 이유는 여러 가지 이유가 있다고 본다.
   내 생각이니 참고만 했으면 한다.
   첫째, 부동산 경매를 공부하지 않아 몰라서 못 한다.
   둘째. 부동산 경매는 공부했으나 감당할 만큼의 깊은 지식이 없어서 두렵거나 경매 자체가 위험성이 있다고 생각한다.
   셋째, 주변에서 생각하는 부동산 경매에 대한 좋지 않은 인식으로 공부하였고 잘 알고 있어도 부담스러워서 하지 않는다.

예를 들면 경매에 참가해서 낙찰을 받으면 그 낙찰받은 집에서 잘 살고 있는 가족을 길바닥으로 내몬다는 안 좋은 사회적 인식 때문이다. 물론 과거에 비해 이런 인식이 많이 없어지기는 했으나 경매에 대해 잘 모르면서 이런 얘기를 쉽게 하는 사람을 보면 답답하기도 하다.

부동산 경매를 법원에서 왜 시행하고 있으며 사회에서 어떤 역할을 하고 있는지 공부해 보거나 알아보고 얘기했으면 좋겠다.

잘 모르고 내뱉는 한마디 한마디가 이 사회의 순기능을 저해할 수도 있음을 기억했으면 한다.

이제부터는 부동산 경매를 좀 다른 관점에서 얘기해 보려 한다. 2021년도에 처음으로 부동산 경매를 배웠다.

사실 배운 지 얼마 안 된 게 사실이다.

경매를 하면서 알게 된 사실은 소액 부동산일수록 저렴한 가격에 낙찰받기가 쉽지 않았다는 것이다. 어떤 경우는 낙찰가를 보면 급매 가격보다 더 높은 경우도 있다.

그리고 무엇보다 **내가 생각하는 부동산 투자와 경매가 다른 점은 부동산 경매는 레버리지를 사용하기가 어렵다.**

난 보통 소액으로 전세 세입자가 살고 있거나 전세 세입자가 들어올 집을 전세금을 제외한 나머지 돈으로 아파트를 매수하는 데 반해 경매는 낙찰금 전부가 있거나 일부만 있다면 나머지 돈은 은행에서 대출을 받아 잔금을 내야 한다. 그 대출도 규제로 인해 나와 같은 다주택자들은 받기 어렵다.

그래서 나는 주로 수도권에 있는 상가 경매만 지금은 하는 편이다.

다주택자라도 아직까지는 상가 담보로 대출은 나오기 때문이다.

어떤 상가의 경매를 입찰하는지에 관해서는 내가 하는 수업을 들으면 알 수 있는데 여기서는 얘기가 길어질 것 같아 생략하겠다.

요즘 지방의 웬만한 소형 아파트들도 1억에 가깝다.

그 아파트를 낙찰받기 위해 1억의 자금을 사용하기보단 그 돈으로 여러 곳에 분산 투자를 하는 게 좋다고 판단하였기 때문이다. 물론 낙찰받아 바로 팔면 되지 않을까 하고 질문하시는 분들도 많은데 이건 그때그때 상황 봐서 각자가 알아서 하면 될 것 같다. 어떤 게 정답인지는 모르지만 내 투자 방법은 그렇다.

난 부동산 투자를 하면서 가성비와 수익률을 중히 여긴다.

적은 돈으로 많이 버는 그런 투자 방법이 가성비가 높은 투자다. 대부분의 사람들은 투입된 비용보단 많은 돈을 버는 것에 집중하는 편이다.

예를 들어 1억 투자해서 1억 벌면 수익률은 100%인데 1억을 벌었다고 엄청 좋아한다. 근데 다주택자들은 거의 필연적으로 양도세를 내게 되고 양도세는 양도 차익(수익)이 클수록 많이 낸다. 그래서 실제 계산해 보면 1000만원 투자해서 1000만원 벌면 수익률은 똑같이 100%인데 양도세까지 고려하면 1억 벌었을 때와 비교해 수익률은 높다.

돈이 조금 있어도 부동산 투자를 할 수 있는 장점이 있고 또 여러 지역에 하면 분산 투자를 할 수도 있다.

〈갭 투자 수익률 계산 방법 (가상 사례) - 부대비용 제외〉

물건	매수금액	전세금액	갭	매도금액	수익	수익률	양도세	실제수익률
1	3억	2억 4천	6천	4.2억	1.2억	200%	2825만	152%
2	1억	8천	2천	1.4억	4천	200%	480만	176%
3	5천	4천	1천	7천	2천	200%	150만	185%

똑같은 수익률이라도

매매금액이 작고

갭이 적을수록 양도세가 적어서 실제 수익률은 더 높다.

내가 말하는 수익률은 연 5~10%가 아니다.

연 수익률로 계산하면 적어도 50% 이상은 되어야 한다.

내가 보유한 모든 부동산의 수익률이 연 50% 이상 되는 건 아니지만 그 수익률에 도달하기 위해 매물을 찾고 조사한다.

앞에서 본 서산 죽성 삼성 아파트의 수익률은 다음 표와 같다.

	매수가격	매도가격	전세가격	투자금	수익률(연)
30평	8000만	9800만	8000만	0	400%
39평	1억	1억 2500만	9000만	1000만	100%

수도권에 있는 좋은 아파트도 아닌데 수익률이 높다.

그 이유는 무엇일까? 운이 좋아서일까?

뭐 그럴 수 있다.

일단 자금이 많이 투입되고 수익률을 높이려면 부동산 가격이 많이 올라야 한다. 그래서 **자금을 적게 하는 게 높은 수익률을 얻는 데 아주 중요한 요소이다.**

저비용 고효율을 추구하는 게 내 투자의 근본원리이다.

경제 효과와도 일맥상통한다.

투자에 있어 100% 모두 성공하면 좋겠지만 쉽지 않은 게 사실이다. 하지만 10개의 투자 물건 중 8개가 수익률이 50% 이상이고 나머지 2개는 오르지 않더라도 제자리만 지켜 주면 그 투자자는 성공했다고 볼 수 있다.

난 가급적이면 많이 올라가는 지역이나 매물에 투자하기보다 하락하지 않는 지역에 투자하려고 노력한다.

이 또한 100% 장담하긴 불가능하다.

지금까지 내 투자 경험과 감각으로 찾을 뿐이다.

16.

24년 10월 30일 충남 당진에 아파트를 샀다

충남 당진은 현대제철이라는 대기업이 있다. 물론 다른 일자리도 많이 있다. 당진의 신도시 성격을 지닌 수청지구는 당진 인구에 비례해서 짧은 기간에 많은 아파트가 들어서 있다.

단기간 많은 물량으로 인해 지금 당진은 가격적으로 많은 어려움이 있다. 난 이런 시기에 투자하는 걸 선호한다.

미래의 가격은 알 수 없으나 현재 가격은 과거 가격에 비해 많이 낮은 게 사실이기 때문이다. 그러나 아무리 가격이 낮더라도 투자에 들어가는 비용은 최소화한다.

부동산 투자는 주식이나 코인처럼 하루 동안에 수십 % 오르기 어려운 투자라 돈이 오랫동안 묶이기 때문이다.

그래서 이번에 매수할 때에도 매매대금, 취등록세, 등기비용을 포함 약 170만원에 살 수 있었다.

주식 투자자가 생각하는 부동산 투자의 소액은 너무 다를 것이다. 보통 부동산 투자에서 소액이라 한다면 최소 5천만에서 수억 원에 이르기 때문이다. 내가 생각하는 부동산 소액투자는 적게는 몇백 만원에서 많게는 3천 정도이다.

사실 지금껏 아파트를 매수하며 3천 이상의 순수자금을 지출한 적은 현재 살고 있는 집 밖에 없다. 대부분 거의 1000만원 아래에서 매수를 했다.

그렇다고 아무 아파트나 매수하지도 않았다.

미래에 가격이 오를 만한 아파트로 매수했다.

이제 와서 얘기지만 500만원 투자해서 1000만원 벌면 된다는 방식으로 부동산 투자를 하고 있다.

이 방법이 5천 투자해서 1억 버는 방법과 다를 게 뭔가?

돈이 없을 때 철저하게 수익률이 높아질 수 있는 방법으로 매수한다. 그러다 보면 수익률만 높아지는 게 아니라 내 자산도 많아지게 되고 이 모든 걸 계속 반복하다 보면 수익률을 더 높일 수 있게 된다.

이 책 앞에서도 얘기했지만 지방 아파트가 서울 수도권 아파트보다 많이 오르고 그만큼 오를 확률이 높다는 것도 아니다.

단지 **부동산 투자에 꼭 많은 돈이 있어야 가능한 게 아니고 소액으로도 얼마든지 수익을 볼 수 있다는 것이다.**

누구나 이런 소액 투자가 가능한 건 아니다.

많은 공부가 필요하다. 물론 공부만으로 다 가능하지도 않다. **많은 공부와 임장과 실전 투자 경험 그리고 감각이 필요하다.** 이 모든 걸 다 갖추기 어렵다면 일부분이라도 갖추고 준비해서 시작하면 더 좋다. 그것 또한 자신 없다면 배우면 된다.

난 현재 에듀윌 부동산 아카데미 노량진 학원에서 소액 투자 임장반이라는 제목으로 강의하고 있다. 이 강의는 8주간 진행되며 6주간의 이론 수업과 2주간의 실전 임장으로 구성된다. 이 과정을 수료하면 전국 어느 지역도 투자 매물을 쉽게 찾을 수 있다. 복잡한 부동산 세금과 그에 대처하는 방법, 주의해야 할 점을 알 수 있으며 궁금한 점은 질문을 통해 알려드린다. 강의 홍보라 생각할 수 있지만 가르치는 사람이 투자자라는 사실과 많은 경험을 갖고 있다는 사실에 주목하길 바란다. 명문대학에 학위가 있다고 투자를 꼭 잘한다는 것도 아니다. 그리고 지방 아파트 투자를 잘 알고 있거나 투자 경험이 많은 사람도 생각보다 많지 않다.

이쯤에서 충남 당진에 투자한 아파트를 얘기하겠다.

충남 당진에 있는 우민 늘 사랑 아파트이다.
총 926세대로 15평, 21평, 23평으로 구성되어 있다.
이 가운데 난 23평으로 매수했다. 위 아파트를 매수하면서 들어간 총 비용은 170만원이다. 170만원으로 아파트를 어떻게 매수할 수 있는지에 대한 궁금증이 있을 수 있다.

솔직히 이런 소액으로 부동산 투자가 가능하다면 굳이 부동산 경매를 하지 않아도 될 수 있다. 2000만원 있으면 이런 아파트를 10채나 매수 가능하지 않은가?

출처: 호갱노노

앞서 오피스텔 투자에 대해 얘기할 때는 170만원도 아닌 0원으로 매수했다고 얘기했다. 이런 소액으로 매수할 수 있는 방법은 항상 부동산 시장에 관심이 있어야 하고 그보다 더 중요한 건 저비용 고효율을 낼 수 있는 매물을 언제든 찾아낼 수 있어야 한다.

미래에 오를지 어떻게 확신하느냐?

100%란 건 없으니 이론상 경험상 확률이 높은 쪽으로 선택한다. 어떤 사람은 이런 말을 하는 것도 본 적 있다.

아파트 가격 떨어지면 네가 책임질 거야?

솔직히 이런 말 들으면 어이가 없다. 모든 투자는 조언을 구할 순 있으나 어떠한 경우에도 모든 책임을 대신해서 질 순 없다. 그러기보단 투자를 안 하는 걸 추천한다.

확신이 없거나 책임을 전가시킬 요량이라면 부동산 투자는 안 하는 편이 좋다고 생각한다. 그럼에도 불구하고 부동산 투자에 대한 욕심이 계속 생긴다면 조언해 준 사람의 말을 따르고 그에 대한 이의제기를 하지 않는다. 그도 싫으면 자신이 직접 알아보고 투자를 하면 된다. 성인이라면 누구나 자신의 일은 자신이 책임을 지도록 해야 한다. 투자도 별반 다르지 않다.

단기간 공부하고 투자해서 높은 수익을 올릴 수 있다면 거의 모든 사람들이 직장에 다니지 않을 것이다. 앞서 말한 것들이 어렵기 때문에 힘든 직장생활을 하면서 투자를 하고 또 미래를 위해 공부도 한다. 그러니 투자만으로 경제적 자유를 누릴 수 있는 위치로 가긴 실로 어렵다고 보면 된다.

하지만 절대로 불가능한 것만도 아니다.

절실하게 공부하고 노력하다 보면 많은 시간이 흘러 가능해질 수 있다. 그 인원이 소수라 할지라도 가능하다.

한국 아파트 가격은 장기적으로 우상향한다고 대부분 얘기한다. 과연 그럴까? 정도의 차이는 있으나 대다수 오르는 방향으로 움직인다. 아마도 화폐 가치 하락과 인플레이션 영향이 대부분이지 않을까 싶다.

소액으로 부동산 투자를 수차례 경험하고 공부하면 나중에 많은 것들을 얻을 수 있을 것이다. 서울 강남이 좋긴 하나 모든 사람이 강남에 있는 부동산을 살 수는 없다. 부동산 투자를 포기하지 말고 목돈을 어느 정도 모을 때까지 공부하는 습관을 들여 보는 것도 좋다. 미리 준비된 사람만이 성공할 수 있는 건 누구나 다 아는 사실이다. 이런 얘기 하긴 좀 그렇지만 얄팍한 순간적인 기회주의자가 되기보다 성실하고 꾸준한 노력주의자가 돼 보는 건 어떨까 싶다.

17.

부동산 투자 요약

1) 상가 투자 (2014년) ~ 2025년 현재 보유

구분상가 총 3채

세부내용을 보면 다음과 같다. (**수익률: 약17%** - 대출 포함 계산)

	분양(평)	전용(평)	매매금액	임대료	매수년도
201호	31.68	22.28	8500만원	1000/65	2014년
202호	27.40	19.27	7000만원	1000/60	2014년
205호	31.31	22.03	6000만원	1000/60	2014년

$$수익률\ 계산 = \frac{(월세\ 총합 \times 12 - 연\ 대출이자)}{(총\ 매매금액 - 월세\ 보증금 - 대출금\ 합계)} \times 100$$

$$\frac{(185만 \times 12 - 450만)}{(21500만 - 3000만 - 9000만)} \times 100 = 17.58\%$$

* 상가 매수는 어떻게???

상가를 사고 싶어 수개월 이상 찾아보았다. 비록 입지가 좋거나 1층에 위치한 상가는 아니었지만 수도권 상가를 전용면적 대비 평당 400만 이하로 매수했고 그 후 오랜 기간 특별히 큰 공실 없이 월세를 받아 수익을 얻고 있다.

월세 받은 금액만 계산해 봐도 185만×12개월×10년=2억 1200만

상가 3칸 총 매매금액이 2억 1500만. 이미 자금 모두 회수함.

* 하고 싶은 말

모든 부동산이 다 마찬가지나 상가는 특히 싸게 사야 한다. 팔 때 수익률대로 가격이 정해지니 말이다.

2) 아파트 투자 후 매도

다수의 아파트를 보유 중이지만 그중 매도한 것만 정리했다. 그 이유는 팔지도 않았는데 수익을 얼마라고 얘기하는 것도 객관적이지 못해서이다.

서산 죽성동 삼성 아파트의 매수, 매도 내용은 다음과 같다. (2021년 가을 매수 → 2023년 가을 매도, 2년 보유)

	매수가격	매도가격	전세가격	투자금	수익률(연)
30평	8000만	9800만	8000만	0	400%
39평	1억	1억 2500만	9000만	1000만	100%

앞으로 더 매도할 수도 있지만 현재까지는 2채 매도했다.

* 반포 자이 아파트

〈 2021년 9월경 〉

매매최고 24.09 41억
전세최고 21.10 22억

계약	일	정보	가격 ↓	타입	거래동	층
	11	월세	3억 /480	84A	124동	23층
	09	전세	21억	84CD	109동	16층
	07	매매	36억 6,000	84A	-동	21층
	07	갱신	전세 14억 7,000	84A	137동	19층
	05	최고가 전세 22억		84A	101동	7층
	04	월세	5억 /430	85B	125동	17층
	01	월세	7억 3,650/150	85B	125동	13층
21.09	30	전세	4억 3,113	84A	141동	4층
	28	매매	31억	85B	103동	4층

〈 2023년 9월경 〉

매매최고 24.09 41억
전세최고 21.10 22억

계약	일	정보	가격 ↓	타입	거래동	층
	04	월세	6억 /320	84A	141동	7층
	03	갱신	전세 14억	84A	136동	11층
23.09	27	전세	12억 8,000	84CD	143동	10층
	27	월세	5,000/300	84A	137동	8층
	26	매매	33억	84A	123동	4층
	26	전세	13억 6,000	84A	124동	12층
	25	월세	12억 /30	84CD	140동	20층
	25	갱신	월세 4억 /390	85B	125동	17층
	24	갱신	월세 9억 /152	84A	137동	20층

출처: 아실(아파트 실거래가)

2021년 부동산 시장의 급격한 상승장이 나타난 시기
 2023년 부동산 시장의 하락장이 나타난 시기

2021년부터 2023년까지 반포 자이 아파트는 35평 기준으로 매매가격에 큰 변화는 없는 듯하다. 전세 세입자가 들어 있는 집을 산다고 해도 약 20억 정도 소요된다. 2021년에 만약 반포 자이 아파트를 매수해서 2023년에 매도했다면 큰 수익을 내기는 어려웠을 듯하다.

위에서 보듯 어떤 시기에 어느 지역에 어느 아파트를 매수하느냐가 수익에 아주 큰 영향을 미칠 수 있다.

오해하지 말아야 할 것은 반포 자이 아파트가 나쁘다고 얘기하려는 게 아니라 서울에 있는 아파트도 매년 오르지는 않기에 투자시기에 따라 어느 지역이 좋을지 신중히 잘 결정해야 한다. **지방 아파트가 투자하기에 무조건 나쁜 건 아니다. 단지 공부를 많이 하고 관심을 좀 가져야 할 필요가 있다.**

그리고 무엇보다 소액으로 투자가 가능하다는 큰 장점이 있다. **전세가율이 지방은 서울보다 높아서 돈은 훨씬 더 적게 든다.**

앞에서 계속 얘기했지만 투자 지역 찾는 것도 중요하지만 적은 자금으로 할 수 있어야 하는 것도 중요하다. **부동산 투자는 언제든 긴 호흡으로 보합 상태에 있을 수 있기 때문이다.**

18.

서울 아파트는 무조건 오르는가?

요즘 들어 서울, 그중에서도 강남 아파트 가격이 오르고 있다.

과거에도 꾸준히 올랐는가?

답은 그렇지 않다. 10년 이상 한 번도 안 오른 경우도 있다.

소액으로 투자가 어려운 곳이 가격적으로 한동안 오르지 않는다면 금리 인상 시기나 경기가 침체일 때 버티기 어렵다. 그래서 투자하기 전 그 어느 지역보다 철저한 분석과 공부가 필요하다고 본다.

다음 그래프는 대표적인 강남 아파트들의 가격 변화이다.

과거를 참고하면 미래의 투자 시 예측할 수 있는 자료가 된다.

출처: 호갱노노

앞으로 강남의 대표적인 위 아파트들은 계속 오를까?

위 그래프를 보면 아마도 확실히 오를 것이라 대답하기는 어려울 것이다. 분명 오랜 기간 오르지 않은 구간이 있고 반대로 짧은 기간 많이 오른 구간도 있다.

물론 여러 가지 변수들을 이용해 분석해서 결정하겠지만 세상 일이 분석한 대로 꼭 되진 않는다. 적어도 내 경우엔 그랬다.

누구나 예상 가능한 가격적인 변화는 3가지이다. 오르거나 하락하거나 아니면 현 상태를 계속 유지하거나. 최소 10억 이상의 큰돈이 들어가야 하는 투자이므로 신중해야 할 것이다.

노파심에 과거 가격 변화를 보여 주고 싶었다.

미래를 알고 투자한다면 망설일 이유는 없겠지만 맹목적으로 어떤 분석과 공부도 없이 투자하는 건 나중에 감당하기 쉽지 않을 수 있다.

10억 이상의 돈이 8년 이상 묶여 있다면 어떤 투자자든 계속 보유하기 어려울 것이다.

분명히 얘기한다. 무조건 계속 오르는 부동산은 없고 그 지역이 서울 강남이라 해도 예외는 없다는 것이다. 그 반대로 계속 떨어지기만 하는 지역도 없다.

시기에 맞게 적절하게 오를 수 있는 지역을 고를 수 있는 실력과 안목이 중요하다. 주위에 대부분 사람들이 서울은 무조건 오르니 사라고 한다면 그냥 맹목적으로 사지 말고 충분히 알아보고 공부한 다음 결정하길 바란다. 설사 좋아 보여도 말이다.

투자에 있어 실력 못지않게 중요한 건 운이라 생각한다. 그러나 그 운은 우리가 결정할 수 없기에 할 수 있는 일을 해야 하는데 그게 결국은 공부인 것이다.

19.

부동산 투자에 대한 조언 (복습)

① 소액 투자를 하자 → 수익률이 높아진다

내가 부동산 투자를 하면서 바뀐 생각은 아파트를 사는 데 꼭 큰돈을 들여야 할 필요가 없다는 것이다. 혹시 그런 생각으로 부동산 투자를 망설인다면 그럴 필요는 없다는 것이다.

내가 아파트를 사면서 **각종 세금까지 다 포함해 200만원도 안 되는 돈으로 산 경우도 더러 있다.** 수도권에서는 이런 매물을 찾기 어렵고 지방에서는 생각보다 금방 찾을 수 있다. 대신 오를 확률이 높은 곳으로 선택하는 게 중요하다고 생각한다.

단적인 예로 5주택부터 8주택을 매수한 단지는 충남 아산 배방에 소재한 배방 삼정 그린코아다. 16평과 19평으로만 구성된 이 단지는 총 2156세대가 있는 대단지이다. 16평이

1804세대나 된다.

5주택부터 8주택 매수 시 잔금일자는 달랐으나 하루에 다 계약을 했다. **4채를 매수하는 데 사용한 투자금은** 세금과 부대비용을 제외하면 **800만원이 전부였다.**

② 목표 수익률을 정하고 투자하자

부동산 투자는 사는 것보단 파는 게 정말 어렵다. 가격이 오를 땐 더 오를까 싶어 못 팔고 가격이 떨어질 땐 더 떨어질까 사람들이 안 산다. 그래서 팔기가 어렵다. 나중에 후회가 되더라도 어느 정도의 수익률을 정해 놓고 그 수익률에 도달하면 즉시 파는 게 어쩌면 좋을 수 있다.

누구나 다 최소한의 비용으로 최대의 효과를 보려고 하나 결론은 쉽지 않다는 것이다.

③ 투자에 있어 위험성은 당연한 것이다

부동산 투자에도 당연히 위험은 있다.

아니 어떤 투자든 위험은 반드시 존재한다고 생각한다.

엄밀히 말하면 그 위험이 수익을 준다는 것이다.

보통 사람들은 투자를 하면서 아무런 위험 없이 큰 수익을 얻고 싶어 한다. 이런 투자는 큰 수익을 주진 않는다.

High risk, High return.

고위험 고수익…

위험이 높을수록 수익도 높다.

안전한 투자를 원한다면 예금자 보호법에 의해 보호되는 정기예금에 넣어 두면 될 것이다. 하지만 사람들은 언제나 단기간에 고수익을 추구하길 원하기에 주식, 코인 등과 같은 투자를 대부분 하고 있다. 단기간 고수익이 가능할 수는 있으나 안전한 투자인가에 대해서는 쉽사리 대답하기 어려울 것이다. 금액의 차이는 있지만 내 주위에도 여러 분들이 이런 투자를 하고 있다. 결과는 어떨까???

부동산 투자에 있어 분석도 좋고 예측도 좋고 긍정도 좋지만 가장 중요한 건 과연 내가 그 투자를 감당할 수 있을까를 먼저 살펴봐야 한다. 감당은 오로지 내가 판단해야 한다.

주위 의견은 별로 중요치 않다.

④ 제발 공부하고 투자하자

먼저 공부하고 그 투자에 대해 어느 정도 이해 후 투자하길 추천한다. 가까운 지인들의 추천을 아무런 여과 없이 투자로 연결시키고 결과가 좋지 않아 끙끙 앓는 건 이제 그만하자.

잘못하면 돈도 잃고 사람도 잃고 자신감도 잃는 경우가 많다.

제발 공부하고 알아보고 신중하게 결정해서 투자해야 그나마 후회가 적고 대부분 손실도 적다. 꼭 기억하자.

투자의 세계는 어느 종류든 간에 치열하다.

아무런 노력 없이 수익이 나고 쉽게 접근할 수 있는 투자는 일시적일 뿐 오래가지 못하거나 사기인 경우가 많다.

우리는 아이들에게 열심히 공부하고 노력해야 좋은 대학을 가고 멋진 삶을 살 수 있다고 입버릇처럼 얘기한다.

정작 우리는 이런 얘기들을 지키며 사는가???

노력 없이 심지어는 귀동냥으로 수익을 얻기 위해 노력하며 심지어는 갈구하고 있지 않은가?

노력해도 안 된다는 것은 노력을 해 보고 얘기할 수 있는 것이다. 난 이 책에서만큼은 듣기 좋은 말로 여러분들에게 희망 고문을 하고 싶지는 않다. 어떤 투자가 되었든 스스로 공부하고 시작하자. 평생을 기회주의자로 사는 오류를 범하지 말자.

⑤ 꼭 수도권 아파트만 오르는 건 아니다

지방 아파트를 투자한다는 건 일반사람들의 무시나 지탄을 이끌어 내는 행위이다. 그래서 주로 듣는 말은 정해져 있다.

지방은 이제 끝났다. 지방 아파트를 왜 사요.

부동산 투자 할 줄 모르네.

지방 아파트에 투자할 바에 차라리 주식이나 코인에 투자를 하겠다. 인구소멸로 팔기 힘들 거다. 등등.

어디에 투자를 하든지 수익만 내면 된다고 생각한다.

그게 서울 아파트든 지방 아파트든 말이다.

그게 설령 지방 아파트면 안 될 이유가 있나?

행동으로 옮겨 보지도 않은 채 일반적인 생각으로 안 된다고 하는 건 나 스스로가 투자의 영역을 근시안으로 보게 만든다.

실제 투자해 보고 수익이 나면 그 경험이 스스로의 확신을 높여 투자의 영역이 넓어지고 확률도 높아진다.

물론 위험은 늘 존재하기 마련이다.

⑥ 긍정의 힘을 갖고 투자하자

투자는 미래를 모르고 하기에 더 공부하게 되고 더 망설이게 되고 더 흥미롭다. 기대와 실망이 함께 공존하나 투자를 시작하기 전에는 기대가 큰 게 사실이다.

그렇지 않다면 투자를 아예 시작하지 않을지도 모른다.

힘든 일상도 미래에 대한 기대로 조금은 희석되는 게 투자의 가장 큰 장점이 될지 모른다. 나도 힘들 때마다 미래에 대한 기대로 버티고 있다.

부정적인 미래를 그린다면 투자는 하지 않는 편이 좋다. 괜히 투자했다가 자칫 잘못되면 부정적인 생각이 나 자신을 무너뜨리고 결국엔 버티기도 어려운 상황이 온다.

그러니 부정적인 사람은 될 수 있으면 부동산 투자는 지양하기 바란다. 돈보다 더 중요한 가족관계, 의리, 미래 목표 등을 다 잃을 수 있다. 그럼에도 꼭 부동산 투자를 해야 한다면 많은 공부를 하고 시작하길 바란다.

⑦ 부동산 투자에 있어 선입견은 갖지 말자

중요한 건 전국 부동산 시장은 동일하게 움직이지 않고 그렇게 보면 언제나 수익을 낼 수 있는 부동산은 존재한다는 것이다.

그러니 수도권이 하락기라서 마찬가지로 지방 부동산도 투자할 매물이 없을 거라는 건 사실이 아니라고 봐야 할 것이다.

지방 시장에 대해 잘 몰라 아예 수도권만을 투자 지역으로 보고 있거나 지방 시장에 대한 잘못된 선입견이 투자를 막고 있을지 모른다.

오히려 시기를 잘 맞춰 투자하면 지방 아파트가 수익률은 훨씬 높다.

⑧ 부동산 투자로 경제적 자유를 누리고 싶다면 부동산 사장님들과 친해져라

보통 대부분의 사람들은 회사를 다니고 주말에는 가족과 함께 시간을 보내거나 모임에 참여한다. 사실 그 마음은 충분히 이해가 간다. 아무래도 평일에 쉬지 못했으니 주말만이라도 스스로를 위해 여가를 보내고 싶을 수 있다.

그런데 인생을 살다 보면 알게 되는 게 있다.

이를테면 두 마리 토끼를 다 잡는 건 어렵다는 사실이다.

정말 부동산 투자로, 그것도 소액으로 큰돈을 벌고 싶다면 시간 날 때마다 부동산 사장님들과 연락하고 가끔 찾아가 식사도 같이 하는 시간을 많이 가지길 추천한다. 이런 시간이 오래되고 길어질수록 지금 내가 하는 얘기를 언젠가 이해하게 될 것이다. 꼭 해야 되냐고 물어본다면 그건 선택의 문제이다.

다른 좋은 방법이 있을 수 있으니 꼭이라고 얘기하긴 어렵지만 지금까지는 이 방법이 가장 좋았다.

거리가 멀면 어떻게 하냐고 묻는다면?

멀면 멀수록 더 감동할 듯하다.

역지사지의 마음으로 생각해 보라.

난 실제로 2021년 여름쯤 매수한 충남 서산에 3개월에 한 번씩은 꼭 가서 부동산 사장님과 얘기를 나누고 식사도 같이 하면서 친분도 나누고 정보도 많이 얻었다. 내가 사는 곳에서 서산까지는 차로 약 1시간 30분 정도라 아주 멀다고 보긴 어렵지만 자주 연락드리고 안부를 묻곤 했다.

인간관계는 거의 비슷하다. 내가 관심을 가지고 대하면 상대방도 그렇게 하는 게 보통이다. 때때로 내가 노력하고 관심을 가지는데 관계의 진전이 없다면 그 관계는 더는 유지할 이유가 없다. 차라리 그 시간에 다른 생산적인 일을 하거나 다른 인간관계를 하는 편이 나을지 모른다.

모쪼록 내가 살고 있는 집 근처 부동산 사장님과의 관계로부터 한 번 시작해 보자. 처음 갈 때는 빈손으로 가지 말고 커피 한 잔 사서 가길 추천한다. 처음 갈 땐 떨리기도 하고 쑥스러울 수도 있지만 곧 익숙해지니 꾹 참고 해내길 바란다.

파이팅 ^^

20.

강의 소개 (에듀윌 부동산 아카데미)

앞서 말한 바와 같이 난 **에듀윌 부동산 아카데미**에서 강의를 하고 있다.

강의명은 **소액 투자 임장반**이다. 총 8주 과정으로 6주는 이론 수업, 2주는 임장 수업으로 되어 있고 8주간 강의가 모두 끝나면 정기적으로 스터디를 하게 된다. 스터디는 매월 1회 정도 실시할 예정으로 연 4~6회 정도 한다. 스터디에서는 현재 부동산 시장 분위기와 투자처를 분석하고 그에 따른 투자까지도 진행할 수 있다.

1주차 : 부동산 실전 투자 기초
2주차 : 세대별 부동산 투자 전략
3주차 : 지방 아파트 매물 찾는 방법

4주차 : 충남 아산시 (임장)

5주차 : 수도권 돈 되는 상가 경매 매물 찾기

6주차 : 지방 아파트 재건축 투자 물건 고르기

7주차 : 충남 당진시 (임장)

8주차 : 지방 아파트 매물 찾기 (발표)

* **강의로 알게 되는 것들!!!**

1. 소액 갭 투자 기초 : 적은 돈으로도 부동산 투자 시작 가능
2. 지방 아파트 투자 전략 : 수도권이 아닌 곳에서도 수익 내는 방법
3. 실전 임장 노하우 : 좋은 투자처를 직접 찾아내는 눈 키우기
4. 리스크 관리법 : 실패를 최소화하는 안전한 투자법
5. 실제 사례 분석 : 성공한 투자자들의 전략을 내 것으로
6. 법률 세무 지식 : 계약부터 세금까지 확실하게 이해
7. 부동산 시장 흐름 분석 : 시장의 변화를 읽고 기회를 포착
8. 부동산 투자 마인드 셋 : 초보자도 자신감 있게 투자할 수 있도록
9. 경제적 자유 실현 : 부동산 수익으로 장기적인 자산 형성
10. 일상에서 적용 가능 : 임대 수익, 재테크, 내 집 마련 전략에 활용

* 강의 후 정기 스터디 실시 (강의 후 계속 배우고 성장)

1. 매월 1회 정기 스터디 : 꾸준한 학습과 실전 투자 준비 (연 4~6회)
2. 강의와 연계된 심화 분석 : 배운 내용을 더욱 깊이 있게
3. 최신 투자 사례 연구 : 실전 투자 감각을 높이는 기회
4. 회원들과 투자 전략 협의 : 혼자가 아닌 함께
5. 지역별 투자처 발굴 및 분석 : 투자처를 직접 찾아보는 스터디
6. 실제 투자 실행 피드백 : 경험을 나누고 성장하는 과정
7. 네트워킹 & 협업 기회 : 투자자들과 지속적인 교류
8. 1:1 질의응답 기회 제공 : 궁금한 점을 해결하며 실전 감각 up
9. 부동산 트렌드 공유 : 시장 변화를 빠르게 캐치
10. 강의 후에도 지속적인 실전 지원 : 성공적인 투자로 연결

이제 강의로 배우고 스터디로 실전에 적용하세요 ^^

나는 수도권 상가 3채
1억에 샀다

ⓒ 이태영, 2025

초판 1쇄 발행 2025년 4월 23일

지은이	이태영
펴낸이	이기봉
편집	좋은땅 편집팀
펴낸곳	도서출판 좋은땅
주소	서울특별시 마포구 양화로12길 26 지월드빌딩 (서교동 395-7)
전화	02)374-8616~7
팩스	02)374-8614
이메일	gworldbook@naver.com
홈페이지	www.g-world.co.kr

ISBN 979-11-388-4208-2 (03320)

- 가격은 뒤표지에 있습니다.
- 이 책은 저작권법에 의하여 보호를 받는 저작물이므로 무단 전재와 복제를 금합니다.
- 파본은 구입하신 서점에서 교환해 드립니다.